ISRAEL IN SONG

Compiled, Edited and Arranged by
VELVEL PASTERNAK

tara publications

Dedicated To the memory of
Anna & George Garber
Beloved parents
Devoted grandparents

ISBN 0-933676-972-2
©1974
Revised Edition ©1998
by TARA PUBLICATIONS
All rights reserved. No part of this book
may be reproduced in any form without
permission in writing from the publisher.

Printed in the United States of America

Contents

Page No.

Secular Songs

Hatikvah	9
Hava Nagila	10
Hava Netse B'machol	11
Hafinjan	12
Avinu Malkenu	13
David Melech Yisrael	14
Dayenu	14
Hevenu Shalom Alechem	15
Artsa Alinu	15
L'shalom	16
Shir Habokrim	17
Shuva Elai	18
Donna Donna	19
Zamar Noded	20
Bat Sheva	21
Rakefet	23
Shchuna K'tana	24
V'shuv Itchem	25
Shuv Lo Nelech	26
Y'rushalayim Shel Zahav	27
B'har Hagilbo-a	28
Machar	29
Shiro Shel Aba	30
Kachol V'lavan	31
Yesh Li Chag	32
Zemer Badrachim	33
Ko Lechai	34
Gur Ba-arets Hazot	35
L'vav Enosh	36
Tapuach Chinani	37
Shovach Yonim	38
S'u Tsiyona	39
Tsena	40
Ets Ha-alon	41

From the Liturgy

Yism'chu Hashamayim	42
Tsur Mishelo	42
Kol Dodi	43
El Ginat Egoz	43
Lo Yisa Goy	44
Ozi V'zimrat Ya	44
Am Yisrael Chai #1	45
Am Yisrael Chai #2	46
V'haer Enenu	46
Lashana Haba-a	47
En Adir	48
Harachaman	49

T'ka B'shofar	50
Hasam Nafshenu	51
Shab'chi	52
Ush'avtem Mayim	53
Tsadik Katamar	54
Vahavienu L'tsiyon	55

Rounds

Ele Chamda Libi	56
Chey Artsenu	57
Yibane Amenu	57
Mimamakim	58
Al Naharot Bavel	58
Hine Ma Tov	59
Lo Ira	59
Hava Nashira	60
Erets Zavat	60
Hodu Lakel	61

Choral Settings

Shalom Al Yisrael	62
Ten Shabat	63
Lam'natseach	65
Omdot	66
Lach Y'rushalayim	68
Uvair Y'rusalayim	69
Ahavat Hadassah	71
Shalom Shuvcha Hakotel	72
Sisu Et Y'rushalayim	74
Y'rushalayim	75
Hine Lo Yanum	77
Hana-ava Babanot	78
Ma Navu	79
Ki Mitsiyon	80
Sachki	81
Malchut Hachermon	82
Nivne Artsenu	84
Bashana Haba-a	86
Ose Shalom	87
Dugit	89
B'arvot Hanegev	90
Lo Nelech Mipo	91
B'ne Vetcha	93
Ha-ir B'afor	94
Ba-a M'nucha	96
Ma Avarech	97
Dodi Li	99
Et Dodim	100
V'af Al Pi Chen	101

KEY TO TRANSLITERATION

a	as in c*a*r
ai	as in s*i*gh
é	as in f*e*d or th*ey*
i	as in p*i*n or m*e*
o	as in f*o*rm
ō	as in b*o*at
oi	as in b*oy*
'	as in *it*
u	as in tr*ue*
ch	as in Ba*ch*

Ahavat Hadassah is an old oriental melody which is often sung to another text, the Sabbath table song, *Ki Eshm'ra Shabat*. The author of the version presented here is S. Shabazi, one of the famous Yemenite poets.

Al Naharot Bavel. This text which represents the Jewish agony in being deprived of a national homeland became the theme for the rabbinical injunction against vocal and instrumental music. The rabbis based their prohibition on the words, "How can we sing the song of the Lord on foreign soil?"

Am Yisrael Chai by Rabbi Shlomo Carlebach has become the theme song of the rallies held to protest the treatment of Jews in the U.S.S.R. It is the most popular song of the organization known as The Student Struggle for Soviet Jewry and has become known throughout the world.

Artsa Alinu is one of the best known of Israeli songs. This early pioneer hora proclaims that we have returned to our homeland and have begun our work. The fruit of our labors is yet come.

Baa M'nucha is a quiet mood song. The night descends on the Jezreel Valley and the settlers, tired from their chores, rest.

B'arvot Hanegev is a moving song, Russian in flavor, a favorite song of the early State of Israel. A young man offers himself to a bereaved mother who has lost her son in the defense of his country.

Bashana Haba-a. Since this song was first heard in 1969, it has become an international favorite, having been translated into many languages. Its popularity was increased by its use as the background for a series of American television commercials for El Al airlines and the Israel Ministry of Tourism.

Bat Sheva is typical of the song that emerges during a period of war. The soldiers drink a toast to the wonderful girl left behind and vow to return to her.

B'har Hagilbo-a is a composition by Josef Hadar one of Israel's well known composers. It was first introduced at an Israel Song Festival. It appears here for the first time in print.

B'ne Vetcha was composed by Cantor I. Fuchs presently residing in the United States. The song was first introduced in Israel at a Hassidic Song Festival and has become popular both there and in the United States.

Chey Artsenu. The melody of this song is African in origin. With the addition of these Hebrew words it has become a popular three part round.

David Melech. The authorship of the song is unknown. It has become popular wherever Jews reside and is a vehicle for Israel's national dance, the hora.

Dayenu. The text is from the *Haggadah* but its singing is not limited solely to Passover. In this song we praise God and proclaim that if he had performed only the act of taking us out of Egypt, it would have been enough for us.

Dodi Li. Although the authorship of this song is known, the melody has already assumed the status of a folk song. With words from the *Song of Songs* this melody is used as an Israeli dance.

Donna Donna. This song, written by Sholom Secunda, one of the best known American Jewish composers, is sung in three languages — Jewish, the original, and in Hebrew and English translations.

Dugit. The melody is Russian and like many early Israeli tunes was borrowed by the immigrants and given new lyrics in Hebrew.

Ele Chamda Libi. Although the song is Hassidic in origin, it has assumed the status of an Israeli folk song. Along with the tune *Yismchu Hashamayim* (which is also Hassidic) this liturgical text has become popular among the soldiers during their moments of relaxation in the battlefields as well as during general community singing sessions.

En Adir is widely sung by the Oriental Jewish community. The text, which extols the virtues of God, Moses, the *Torah* and the Jewish people, is also sung by Ashkenazic Jews especially on the night of *Simchat Torah* during the processional of the scrolls.

Erets Zavat Chalav. God's promise that He would bring the children of Israel to a "land flowing with milk and honey" is proclaimed in this joyous round by Eli Gamliel. This song also has achieved worldwide popularity.

Et Dodim. Once again the Song of Songs provides the text for a lovely melody said to be Babylonian in origin.

Gur Baarets written by the American composer Moshe Nathanson is also known in Israel. The text is from Genesis and is God's commandment to Isaac to "Live in this land and I shall be with you and bless you."

Hafinjan. The word is Arabic and means coffee pot. This song with its lovely lilt and interspersed hand claps has become a favorite song in community singing and at camp fires.

Hanaava Babanot with words and music by Amitai Neeman is often thought of as an Israeli folksong. It is widely used as a dance.

Harachaman by Chaim Kirsch has become an extremely popular song both in religious and secular circles of Israel and the United States. The version presented here is the composer's original. The melody has been slightly altered in the United States.

Hasam Nafshenu is a composition of Cantor E. M. Krugman of Afula, Israel. It was introduced at the first Hassidic Song Festival in 1969 by the "Duo Reim." The words from the liturgy proclaim our faith in the God who has not let us falter and who has made us victorious over our enemies.

Hatikvah. The formal declaration of Hatikvah as the Zionist anthem was only made at the 18th Zionist Congress in Prague 1933. At the Declaration of the State on May 14, 1948, it was sung by the assembly at the opening ceremony and played by members of the Palestine Symphony Orchestra at its conclusion. The melody as well as the words has been slightly altered since the establishment of the State of Israel. The version presented here is the official version.

Hava Nagila. More than any other song this represents Jewish or Israeli music to the world at large. It has been recorded and sung by many vocal stars of many nationalities. Its origin is Hassidic having been composed in the court of the *Sadigura Rebbi*. It was introduced to Palestine in the early 1900's by the noted Jewish musicologist, Zvi Idelsohnn, and given its famous text by the American Cantor, Moshe Nathanson.

Hava Nashira. There are some that believe that this charming three part round is from the pen of Franz Joseph Haydn.

Hodu Lakel is an instrumental piece of music to which was added the words *Hodu Lasultan*. The text presented in this book is an alternate version and is perhaps more meaningful in a classroom setting.

Kachol V'lavan. Blue and white is set to a Russian melody given Hebrew text after the Six Day War. It first appeared among the young people of Moscow and became a rallying song. From Russia it spread quickly to Israel and the United States. The song is dedicated to the Israeli flag, symbol of the Jewish homeland.

Ki Mitsiyon written by Emanuel Pugatchev (Amiran) is one of the truly durable songs of Israel. The song with its text from the liturgy is often found in the concert repertoire of both amateur and professional choruses.

Ko Lechai was written in the United States by Dr. Benjamin Brickman and Richard Neumann in honor of the twenty-fifth anniversary of the State of Israel.

Lach Y'rushalayim. The repertoire of Israeli songs is replete with melodies dedicated to the city of Jersualem. This city has been the focal point of all prayers for 2000 years of the Jewish diaspora. This version appeared after the Six Day War and its spirited lilt shows the new and proud feeling with regard to a returned Jerusalem.

Lam'natseach, music by Dov Seltzer and text from the Psalms, was composed in the aftermath of the 1967 war. It became a joyous song of victory and is still popular today.

Lashana Haba-a. For centuries the Jews have concluded the Passover Seder with the words *"Lashana Haba-a Birushalayim,"* next year in Jerusalem. Now that the old city of Jerusalem is once again under Jewish control the word *hab-nuya* (the rebuilt) has been added to the end of the phrase.

Machar by Naomi Shemer, one of Israel's best composer-singers, is a song of ebullient optimism. It was written before the Six Day War but achieved wide popularity immediately thereafter. Peace, it proclaims, is around the corner and will be with us tomorrow. If, for some reason tt should be delayed, then it will certainly arrive the day after.

Ma Navu. This beautiful melody was composed by Rabbi Moshe Horowitz, the *Bostoner Rebbi*, who was inspired on seeing the Judean hills during a visit to the Holy Land.

Nivne Artsenu, a stirring marching song by Moshe Bick, was written in the 1930's but is still part of the band repertoire of the armed forces of Israel. It is a patriotic song which proclaims our sacred obligation to build the homeland with all the strength of our beings.

Ose Shalom. It is interesting to note that Israel, which has been through a successive series of wars, has so many songs with the theme of *shalom*, peace. This song with its words from the prayer book was introduced at the first Hassidic Song Festival in the Fall of 1969. It went on to become one of Israel's most popular songs and rapidly spread to many Jewish communities throughout the world.

Rakefet is equally well known in Yiddish as *Margaritkes*.

Sachki predates the modern State of Israel but has nevertheless remained in the repertoire of Israeli songs.

Shalom Al Yisrael by Effi Netzer was written in the late 60's but is achieving renewed popularity. Again the theme of peace for Israel is predominant.

Shalom Shuvcha Hakotel. This stirring and highly emotional song written in the United States by Chaim Najman and Elchanan Indelman in the aftermath of the Six Day War is here presented for the first time in print.

Shir Habokrim is considered by many to be Israel's first cowboy song. For Israel the "wild, wild West" has been the *Arava*, the almost forsaken craggy and desolate area of the Negev desert.

Shuv Lo Nelech appeared in the aftermath of the Six Day War. This moving song by Effi Netzer, one of Israeli's most popular song writers, addresses itself to the prophecy as stated in the Bible, "Thy children shall return to their borders."

Sisu Et Y'rushalayim is yet another song that made its entrance on to the Israeli musical scene via a Hassidic Song Festival. With text based on a number of far flung verses in Isaiah, Akiva Nof has fashioned a song which has proved durable and which has become popular in many areas where Jews reside.

S'u Tsiyona is one of the old *Halutz* (pioneer) songs extremely popular in all the Zionist organizatons before the establishment of the State of Israel.

Ten Shabat was the featured song in an Israeli produced movie *Ani Y'rushalmi* — I am from Jerusalem — with Yehoram Gaon. It has become extremely popular especially in a rock tempo.

T'ka B'shofar is the composition of Pinchas Kehati a well known Israeli scholar (author of the world famous *Kehati Mishnayot*) who, among his other considerable talents has found time to compose a number of very popular songs. This song also was introduced at a Hassidic Song Festival.

Tsena Tsena. The original melody was written by Issachar Miron. The last part of the round was composed by Julius Grossman. In this combination the song became a runaway international hit when recorded by the Weavers in the early 50's. Millions of copies of this recording (flip side — Irene Good Night) were sold and the tune became a household item among non-Jews as well as Jews.

Tsur Mishelo is an old Ladino song sung by Jews in the Iberian peninsula. Originally titled *La Rosa Enflorese,* this song is still sung by oriental Jews to the text of this Sabbath table song.

Ushavtem Mayim is one of the best known circle dances of Israel. With text based on Isaiah, this dance is performed throughout the Jewish world.

V'haer Enenu, melody by Rabbi Shlomo Carlebach, was introduced to Israel via the first Hassidic Song Festival in 1969 Rabbi Carlebach's songs have appeared in each successive festival and have gained wide popularity. Although Israelis had not, as a general rule, adopted liturgical songs as national popular songs, *V'haer Enenu* became an overnight runaway hit.

Y'rushalayim Shel Zahav. Without doubt this was the most important and widely heard song in the immediate aftermath of the Six Day War. It was introduced at the yearly Song Festival presented as the climax to Israel Independence Day and was sung by Shuli Natan. With the retaking of the old city of Jersualem and the return of the sacred Western Wall, the song assumed additional emotional appeal. Within a period of days following the Six Day War the song was recorded by a number of artists both in Israel and in the United States. The song became known throughout the world wherever Jews reside.

Y'rushalayim. This well known song has a permanent place in the repertoire of Israeli song. Although the authorship of the melody is not known, Avigdor Hameiri's words directed to the city of Jerusalem have made it a long standing favorite.

HATIKVAH

As long as a Jewish heart beats, and as long as Jewish eyes look eastward, then our two thousand year hope to be a free nation in Zion is not dead.

כָּל עוֹד בַּלֵּבָב פְּנִימָה
נֶפֶשׁ יְהוּדִי הוֹמִיָּה
וּלְפַאֲתֵי מִזְרָח קָדִימָה
עַיִן לְצִיּוֹן צוֹפִיָּה
עוֹד לֹא אָבְדָה תִּקְוָתֵנוּ
הַתִּקְוָה בַּת שְׁנוֹת אַלְפַּיִם
לִהְיוֹת עַם חָפְשִׁי בְּאַרְצֵנוּ
אֶרֶץ צִיּוֹן וִירוּשָׁלָיִם

HAVA NAGILA

M. Nathanson | *Hassidic*

With great joy

Come let us be glad and rejoice. Arise, brethren, with a joyful heart.

הָבָה נָגִילָה וְנִשְׂמְחָה
עוּרוּ אַחִים בְּלֵב שָׂמֵחַ

HAVA NÉTSÉ B'MACHOL

Folk Tune

With spirit

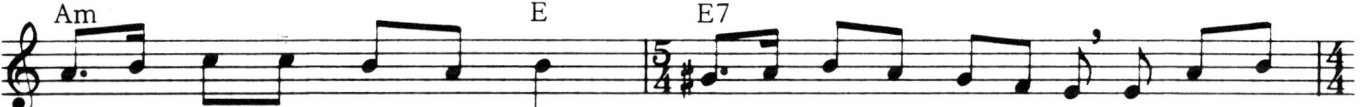

Ha - va né - tsé b'-ma-chol ha - va né - tsé bim-chō - lōt ha-va né - tsé b'-ma - chol
ha - va né - tsé bim-cho-lōt ha - va né - tsé b'-ma-chol ha - va né - tsé bim-cho - lot
ha - va né - tsé b' - ma - chol ha - va né - tsé bim-cho-lot ya - lél ya -
- lél ya - lé - li ya - lél ya - lél ya-lé - li ya - lél ya-
- lél ya - lé - li ya - lél ya - lél ya - lé - li

Come let us go out and dance.

הָבָה נֵצֵא בְּמָחוֹל
הָבָה נֵצֵא בִּמְחוֹלוֹת
יַלֵּיל...............

HAFINJAN

C. Hefer

Folktune

The wind is cool and we feed the fire as it burns, while we sit around it singing, waiting for the coffee in the Finjan to boil. Round and Round goes the Finjan.

א. הָרוּחַ נוֹשֶׁבֶת קְרִירָה
נוֹסִיפָה קִיסָם לַמְּדוּרָה
וְכַךְ, בִּזְרוֹעוֹת אַרְגָּמָן
בָּאֵשׁ יַעֲלֶה כְּקָרְבָּן
הָאֵשׁ מְהַבְהֶבֶת שִׁירָה מְלַבְלֶבֶת
סוֹבֵב לוֹ סוֹבֵב הַפִּנְגַ'ן.
לללללללל.........

ב. הָאֵשׁ לַקִּיסָם תְּלַחֵשׁ
אָדְמוּ כֹּה פָּנֵינוּ בָּאֵשׁ
אִם לָנוּ תִּגְבֹּרֶת תּוּכַן
מִכָּל בְּדַל עָנָף שֶׁבַּגָּן
כָּל עֵץ וְכָל קֶרֶשׁ
יָשִׁיר אַזַי חֶרֶשׁ
סוֹבֵב לוֹ סוֹבֵב הַפִּנְגַ'ן
ללללללללל......

AVINU MALKÉNU

Allegro moderato

Hassidic

Our merciful Father who dwells in heaven, grant us peace. Let the laughter of playing children be heard in the streets of Zion. Let there be peace in your city and tranquility within your home now and forever.

אָבִינוּ מַלְכֵּנוּ שׁוֹכֵן בַּמְּרוֹמִים
יָבֹא הַמָּשִׁיחַ בְּשַׁעַר הָרַחֲמִים
וִילָדִים נִרְאִים מְשַׂחֲקִים
בִּרְחוֹבוֹת צִיּוֹן הַצּוֹחֲקִים
יְהִי שָׁלוֹם בְּעִירֵךְ וְשַׁלְוָה בְּאָהֳלֵךְ
מֵעַתָּה וְעַד עוֹלָם

DAVID MELECH YISRAÉL

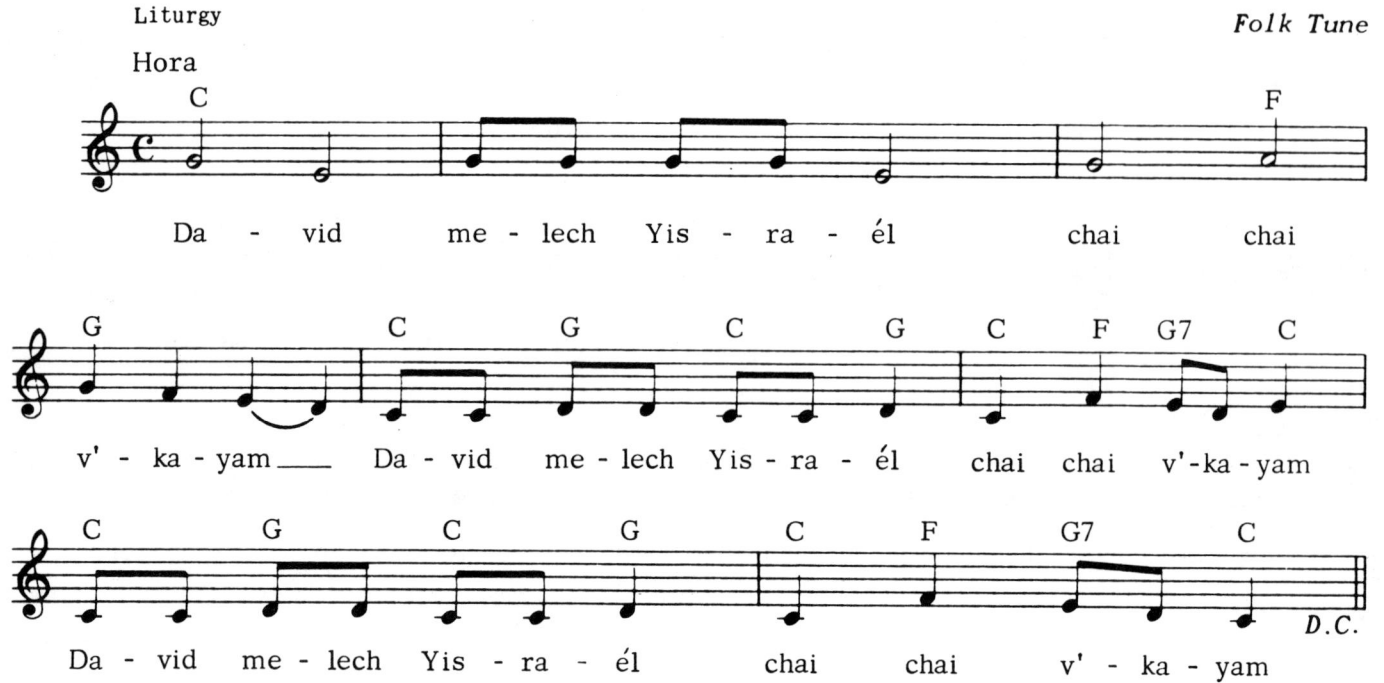

Liturgy *Folk Tune*

Hora

David, King of Israel, lives forever!

דָוִד מֶלֶךְ יִשְׂרָאֵל חַי וְקַיָם

DAYÉNU

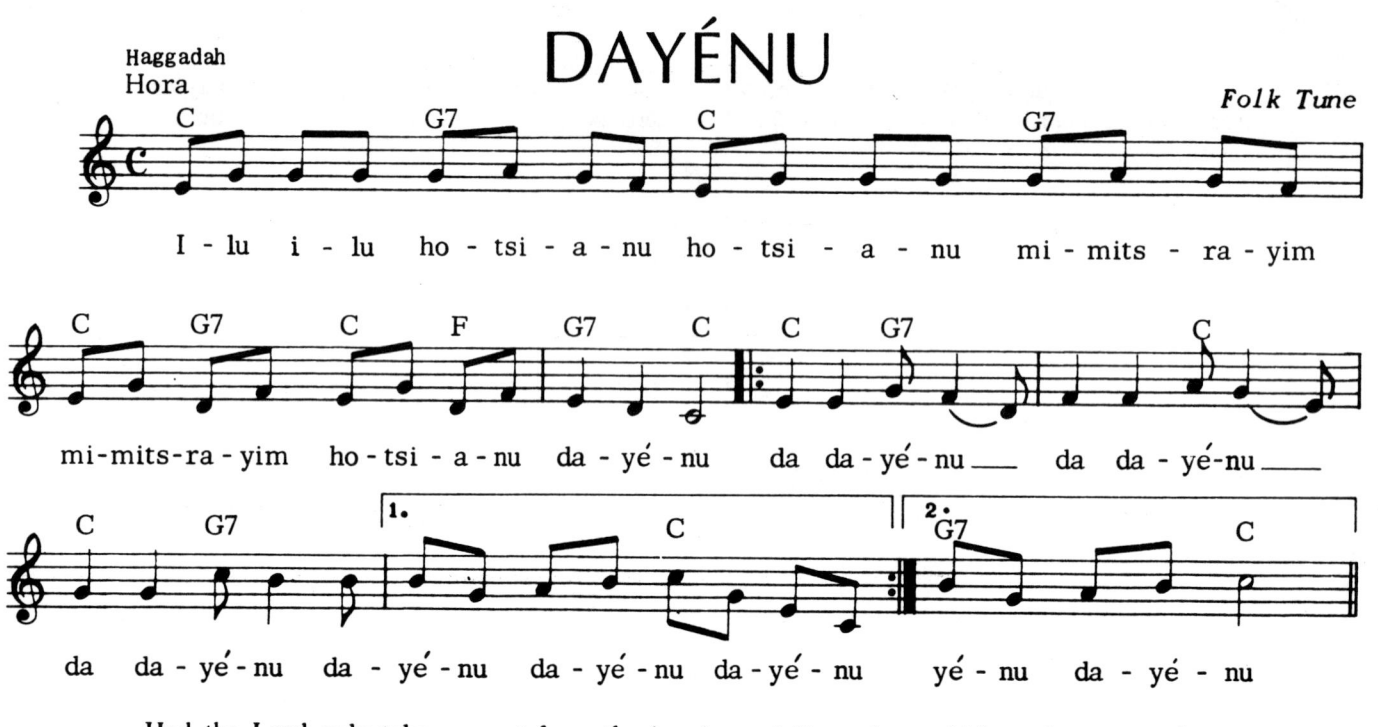

Haggadah *Folk Tune*

Hora

Had the Lord only taken us out from the bondage of Egypt it would have been enough.

אִילוּ הוֹצִיאָנוּ מִמִּצְרַיִם דַיֵּינוּ

HÉVÉNU SHALOM ALÉCHEM

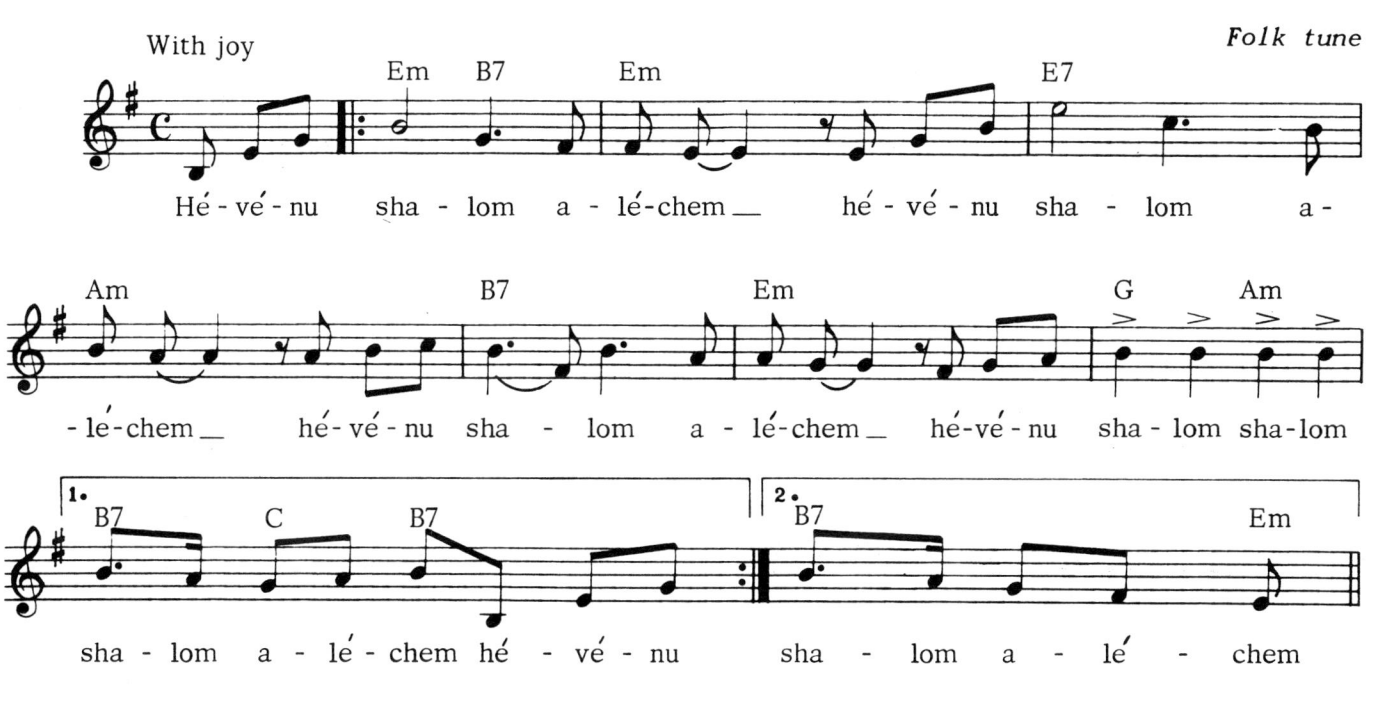

With joy

Folk tune

Peace unto you!

הֵבֵאנוּ שָׁלוֹם עֲלֵיכֶם

ARTSA ALINU

Hora

Folk tune

We have come to our beloved land. We have plowed and planted but we have not yet harvested our crop.

אַרְצָה עָלִינוּ
כְּבָר חָרַשְׁנוּ וְגַם זָרַעְנוּ
אֲבָל עוֹד לֹא קָצַרְנוּ

L'SHALOM

Modell

May we be united in our land when our exile is over.

לְשָׁלוֹם לִבְרָכָה לַתּוֹרָה
לְהִתְרָאוֹת בְּאַרְצֵנוּ
אַחַר קֵץ גָּלוּתֵנוּ
אֲבָל רַק מִיַּד לְמַהֵר מִיַּד
לְשָׁלוֹם לְשָׁלוֹם לְשָׁלוֹם

SHIR HABOKRIM

Y. Orland M. Nozyk

Arava, endless and barren as the cowboy's eyes sweep over you. Mysterious Arava, the cowboy of old has returned to you, riding along paths which breathe again.

עֲרָבָה עֲרָבָה אֵין קֵץ
עֵין הַבּוֹקְרִים תָּרָה
לֹא עַרְעָר לֹא דַרְדַּר לֹא עֵץ
רוּחַ בָּא הַמִּדְבָּרָה

זֶמֶר הַבּוֹקְרִים יַעֲלֶה וְיִבְקַע
עַל מֶרְחָקִים אֲבוּדִים עַד אֵין גֶּמֶר
וְתִזְרַח הַחַמָּה וְתִשְׁקַע
וּמוֹסִיף לְקַלֵּחַ הַזֶּמֶר

עֲרָבָה עֲרָבָה אֵין קֵץ
שְׁנוֹת אֲלָפִים תַּמּוּ
הַבּוֹקֵר עַל גַּב סוּס קַדְמוֹן
בַּדְּרָכִים שֶׁנָּשַׁמּוּ... דִּיוֹ

U.S.A. rights controlled by Larry Shayne Music Inc.

SHUVA ÉLAI

A. Etinger

J. Hadar

Return to me from the desert and together we shall gallop away.

הָאוֹרוֹת שׁוּב כָּבוּ כִּתְמֹל
בַּשְּׁבִילִים מְהַדְהֵד:
קוֹל פַּרְסוֹת סוּסִי שֶׁאָבַד בַּחוֹל
קוֹל פַּרְסוֹת סוּסִי הָאוֹבֵד
הוֹ, הוֹ, שׁוּבָה אֵלַי
שׁוּבָה אֵלַי מִן הַמִּדְבָּר
הוֹ, הוֹ, שׁוּבָה אֵלַי
יַחַד נֵצֵאָה וְנִדְהַר

DONNA DONNA

English: *Sheldon Secunda*
S. Secunda

In easy fashion

On a wagon bound for market there's a calf with a mournful eye.
High above him there's a swallow winging swiftly through the sky.
How the winds are laughing, they laugh with all their might.
Laugh and laugh the whole day through and half the summer's night.
Donna donna donna . . .

עֵגֶל רַךְ קָשׁוּר בְּחֶבֶל עַל הָעֲגָלָה מוּטָל
וּלְמַעְלָה בַּשָּׁמַיִם עֶפְרוֹנִים מַמְרִאִים אֶל עָל
רוּחַ סְתָו צוֹחֵק לוֹ צוֹחֵק וּמִתְהוֹלֵל
צְחוֹק וּצְחוֹק מִבֹּקֶר אוֹר
וְעַד חֲצִי הַלֵּיל
דוֹנָה דוֹנָה דוֹנָה......

© 1940, 1963 by Mills Music, Inc.

19

ZAMAR NODÉD

Spritely

N. Shemer

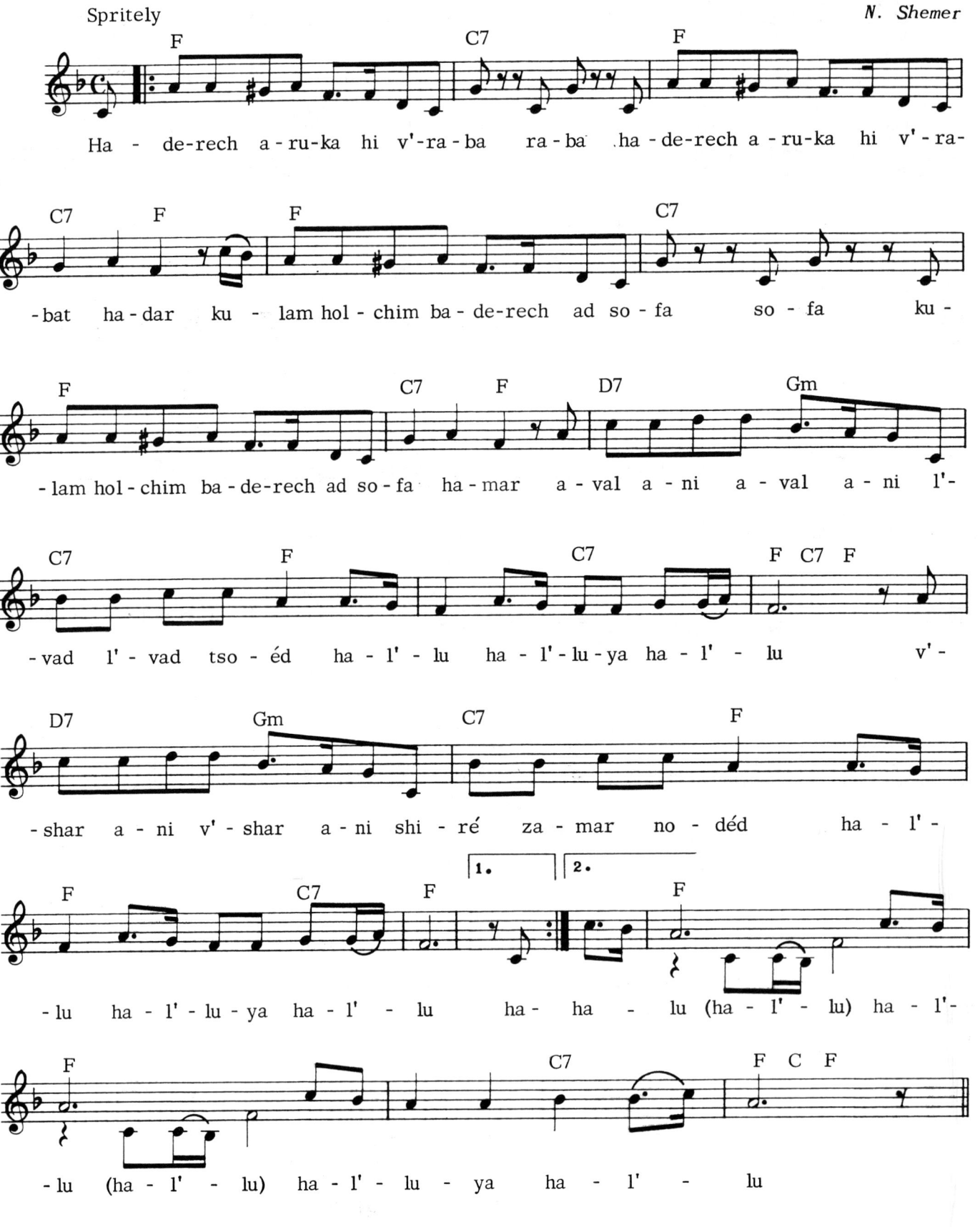

The road is long and full of glory. Every one walks the road to the very end, the bitter end. But as for me I march alone and sing songs of the vagabond—Halleluyah.

א. הַדֶּרֶךְ אֲרֻכָּה הִיא וְרַבָּה רַבָּה
הַדֶּרֶךְ אֲרֻכָּה הִיא וְרַבַּת הַדָּר.
כֻּלָּם הוֹלְכִים בַּדֶּרֶךְ עַד סוֹפָהּ סוֹפָהּ
כֻּלָּם הוֹלְכִים בַּדֶּרֶךְ עַד סוֹפָהּ הַמַּר
אֲבָל אֲנִי אֲבָל אֲנִי לְבַד לְבַד צוֹעֵד
הַלְלוּ הַלְלוּיָהּ הַלְלוּ

וְשָׁר אֲנִי וְשָׁר אֲנִי שִׁירֵי זֶמֶר נוֹדֵד
הַלְלוּ הַלְלוּיָהּ הַלְלוּ

ב. אֶחָד נָשָׂא פָּנָיו אֶל הַזָּהָב זָהָב
אֶחָד נָשָׂא פָּנָיו אֶל הַזָּהָב הַטּוֹב
שֵׁנִי מָצָא יַלְדוֹנֶת שֶׁתֹּאהַב תֹּאהַב
שֵׁנִי מָצָא יַלְדוֹנֶת שֶׁתֹּאהַב אוֹתוֹ
אֲבָל אֲנִי אֲבָל אֲנִי..............

© 1959-Illan Melody Press, Tel Aviv, Israel
All rights for United States and Canada
controlled by TRO-CROMWELLL MUSIC Inc. N.Y.

BAT SHEVA

C. Hefer | *M. Wilensky*

Bat-sheva, our song is for you. Even in the midst of the raging battle we have not forgotten you. We join the entire Israeli army in drinking a toast to you.

עֵת אֶל עָנָן אַמְרִיא עַל כְּנַף הָרוּחַ
אֲנִי זוֹכֵר בַּת־שֶׁבַע רַק אוֹתָךְ
וְעֵת עִם לֵיל הַמָּטוֹס יָנוּעַ
הוּא לַכּוֹכָב נִשְׁבַּע כִּי לֹא יִשְׁכַּח
גַּם אִם רָחַקְנוּ הֵן אִתָּךְ אֲנַחְנוּ
בְּהַפְּצָצָה בִּבְרַד הַכַּדּוּרִים
אֶת בִּרְכוֹתֵינוּ לָךְ תָּמִיד שָׁלַחְנוּ
גַּם הַמָּנוֹעַ זֶמֶר לָךְ מַרְעִים
בַּת־שֶׁבַע, בַּת־שֶׁבַע
הַזֶּמֶר הוּא לָךְ
מִדָּן וְעַד בְּאֵר שֶׁבַע
אוֹתָךְ לֹא נִשְׁכַּח
מִמְּרוֹם הַשָּׁמַיִם
לָךְ זֶמֶר נִשְׁלַח
נִשְׁתֶּה נָא לְחַיִּים
עִם כָּל הַפַּלְמָ״ח
בַּת־שֶׁבַע

© 1948 by Edition Negen, Tel Aviv, Israel
© 1948 by April Music Ltd.,Tel Aviv, Israel
U.S.A. rights controlled by April Music Inc.

RAKEFET

L. Kipnis

Folk tune
Mi - ta - chat la-se-la tso-ma-chat l' - fe - le ra - ke-fet nech - me - det m'-
- od v' - she-mesh maz - he-ret no - she - ket o - te-ret o - te - ret la ke-ter va-
- rod la la la la la
* ossia
she ket o - te - ret o - te - ret la ke - ter va - vod

Beneath a rock, in truly wondrous fashion, a beautiful flower has grown and the sun has cared for it lovingly.

א. מִתַּחַת לַסֶּלַע צוֹמַחַת לְפֶלֶא
רַקֶּפֶת נֶחְמֶדֶת מְאֹד
וְשֶׁמֶשׁ מַזְהֶרֶת נוֹשֶׁקֶת עוֹטֶרֶת
עוֹטֶרֶת לָהּ כֶּתֶר וָרֹד (לַ,לַ,לַ)

ב. "רַקֶּפֶת רַקֶּפֶת", צִפּוֹר מְצַפְצֶפֶת
"הָצִיצִי אַךְ רֶגַע אֵלַי!"
רַקֶּפֶת נֶהְדֶּרֶת בַּסֶּלַע נִסְתֶּרֶת
נִסְתֶּרֶת מִנֶּפֶשׁ כָּל חָי (ללל......)

ג. יָצְאָה עִם הָרוּחַ בַּת־שֶׁבַע לָשׂוּחַ
הָיָה אָז הַבֹּקֶר בָּהִיר
כָּל צֶמַח כָּל פֶּרַח אוֹסֶפֶת בַּדֶּרֶךְ
וּפִיהָ אַךְ זֶמֶר וָשִׁיר (לַלַלַ......)

© by the Author - ALL RIGHTS RESERVED

SH'CHUNA K'TANA

S. Livnat

J. Hadar

I am often reminded of the little neighborhood with its shingled roofs, thicket fences and the fragrance of blossoms in the air.

יֵשׁ וְלִפְעָמִים אֲנִי אֲנִי נִזְכֶּרֶת
בִּשְׁכוּנָה קְטַנָּה לְיַד הָעִיר
גַּג שֶׁל רְעָפִים סְבוּכָה שֶׁל יֶרֶק
רֵיחַ הַפְּרִיחָה שֶׁבָּאֲוִיר
דום דום.................

בְּמוֹרָה נִפְתַּל בֵּין שִׂיחַ וּבֵין אֶבֶן
רַצְנוּ כְּשֶׁהַקַּיִץ חַם וְעָצֵל
וְעֵצִים טוֹבִים עֲזֵי נוֹפִים וָצֶבַע
בִּנְדִיבוּת לִבָּם הִטּוּ לָנוּ צֵל

© by the Authors - ALL RIGHTS RESERVED

V'SHUV ITCHEM

D. Barak *N. Hirsh*

Once again we shall sing, dance and be joyous together.

א. וְשׁוּב אִתְּכֶם נֵצֵא לִרְאוֹת בָּאוֹר
וְשׁוּב אִתְּכֶם נִרְקוֹד אֶת כָּל הַלַּיְלָה
כִּי אֲלֵיכֶם רָצִינוּ לַחֲזוֹר
וְשׁוּב אִתְּכֶם עִם עֶרֶב נִתְעוֹרֵר
וְשׁוּב אִתְּכֶם נִשְׂמַח כֻּלָּנוּ יַחַד
וּלְשִׁירְכֶם נָשׁוּב פִּזְמוֹן חוֹזֵר
וְשׁוּב אִתְּכֶם וְשׁוּב אִתְּכֶם
וְשָׁלוֹם עֲלֵיכֶם וְעָלֵינוּ עַל כֻּלָּנוּ
וְשׁוּב אִתְּכֶם וְשׁוּב אִתְּכֶם
אֲנַחְנוּ שֶׁלָּכֶם וְכָל הַשִּׁירִים שֶׁלָּנוּ
ב. וְשׁוּב אִתְּכֶם עִם עֶרֶב נִתְעוֹרֵר
וְשׁוּב אִתְּכֶם נִשְׂמַח כֻּלָּנוּ יַחַד
וּלְשִׁירְכֶם נָשׁוּב פִּזְמוֹן חוֹזֵר

© by the Authors - ALL RIGHTS RESERVED

SHUV LO NÉLÉCH

S. Rosen

Effi Netzer

D.S.

Behold the dust of roads from old Jerusalem,
And chariots of steel that race into your town.
We're in your fields, Rachel, the fields of Bethlehem,
While silver wings above are circling all around.
Behold Rachel, behold, the night will not be back.
Behold, Rachel, behold, your children have come back.

א. רְאִי אֲבַק דְּרָכִים עוֹלֶה מֵעִיר שָׁלֵם
וְרֶכֶב הַבַּרְזֶל שׁוֹעֵט אֶל מוּל עִירֵךְ
וְעַם שָׁלֵם מַבִּיט מַבִּיט בָּךְ כְּחוֹלֵם
כַּנְפֵי פְּלָדָה חָגוֹת חָגוֹת מֵעַל קִבְרֵךְ
פזמון רְאִי רָחֵל רְאִי, רְאִי רִבּוֹן עוֹלָם
רְאִי רָחֵל רְאִי הֵם שָׁבוּ לִגְבוּלָם

ב. רְאִי רוּחוֹת אִיָּר נוֹשְׂאוֹת טוּרֵי פְּלָדָה
גַּם בִּנְיָמִין עִמָּנוּ פֹּה וְגַם יוֹסֵף
כּוֹכָב בֵּית לֶחֶם מְנַצְנֵץ בִּרְעָדָה
גַּם הֶחָלוּץ עִמָּנוּ וְגַם הַמְּאַסֵּף......

ג. מִנְעִי קוֹלֵךְ רָחֵל מִנְעִי קוֹלֵךְ מִבְּכִי
כֻּלָּנוּ פֹּה רָחֵל עִם הַתַּרְמִיל עַל שֶׁכֶם
שׁוּב לֹא נֵלֵךְ רָחֵל וְאַתְּ שׁוּב לֹא תֵּלְכִי
שׁוּב לֹא נֵלֵךְ רָחֵל מִנִּי שַׂדְמוֹת בֵּית לֶחֶם...

© 1967-Israzemer Music Publishers Ltd. Haifa Israel
All rights for United States and Canada controlled
by GIL Music Corp. New York, N.Y.

Y'RUSHALAYIM SHEL ZAHAV

N. Shemer

Jersualem of Gold, of copper and of light I shall accompany all the songs dedicated to you.

א. אֲוִיר הָרִים צָלוּל כַּיַּיִן וְרֵיחַ אוֹרָנִים
נִשָּׂא בְּרוּחַ הָעַרְבַּיִם עִם קוֹל פַּעֲמוֹנִים.
וּבְתַרְדֵּמַת אִילָן וָאֶבֶן שְׁבוּיָה בַּחֲלוֹמָהּ
הָעִיר אֲשֶׁר בָּדָד יוֹשֶׁבֶת וּבְלִבָּהּ חוֹמָה.

יְרוּשָׁלַיִם שֶׁל זָהָב וְשֶׁל נְחֹשֶׁת וְשֶׁל אוֹר
הֲלֹא לְכָל שִׁירַיִךְ אֲנִי כִּנּוֹר

ב. חָזַרְנוּ אֶל בּוֹרוֹת הַמַּיִם לַשּׁוּק וְלַכִּכָּר
שׁוֹפָר קוֹרֵא בְּהַר הַבַּיִת בָּעִיר הָעַתִּיקָה
וּבַמְּעָרוֹת אֲשֶׁר בַּסֶּלַע אַלְפֵי שְׁמָשׁוֹת זוֹרְחוֹת
וְשׁוּב נֵרֵד אֶל יַם הַמֶּלַח בְּדֶרֶךְ יְרִיחוֹ
יְרוּשָׁלַיִם שֶׁל זָהָב.........

ג. אַךְ בְּבוֹאִי הַיּוֹם לָשִׁיר לָךְ
וְלָךְ לִקְשֹׁר כְּתָרִים
קָטֹנְתִּי מִצְּעִיר בָּנַיִךְ
וּמֵאַחֲרוֹן הַמְּשׁוֹרְרִים
כִּי שְׁמֵךְ צוֹרֵב אֶת הַשְּׂפָתַיִם
כִּנְשִׁיקַת – שָׂרָף
אִם אֶשְׁכָּחֵךְ יְרוּשָׁלַיִם
אֲשֶׁר כֻּלָּהּ זָהָב.

יְרוּשָׁלַיִם... כִּנּוֹר...

© 1967 by Naomi Shemer. Used by permission
of CHAPPELL and Co. INC. New York, N.Y.

B'HAR HAGILBO'A

Leah Naor

Josef Hadar

Ya - vésh ha - ka - yits b' - i - to b' - har ha - gil - bo - a nish-
- an sha - ul al cha - ni - to b' - har ha - gil - bo - a rak na - ar gér i-
- mō rak na - ar mib - né a - ma - lék ya-vésh va-cham ya - vésh va-cham ha-
- ka - yits ba - é - mek ha - a - da-ma tsiv - a p'-cham ba - ka-yits ba - é-
- mek u - lai ha - ya sha - rav u - lai zo hai - ta shat shki-
- a u - lai shki - at za - hav kmo ha - yom b' - o - ta ha-sha a - a

Looking down from Mt. Gilboa it is as if time has stood still. The Emek spreads below in summer's heat just as it did in ancient Israel.

א. יָבֵשׁ הַקַּיִץ בְּעִתּוֹ בְּהַר הַגִּלְבּוֹעַ
נִשְׁעָן שָׁאוּל עַל חֲנִיתוֹ בְּהַר הַגִּלְבּוֹעַ
רַק נַעַר גֵּר עִמּוֹ רַק נַעַר מִבְּנֵי עֲמָלֵק
יָבֵשׁ וְחָם יָבֵשׁ וְחָם הַקַּיִץ בָּעֵמֶק.
הָאֲדָמָה – צִבְעָהּ פֶּחָם בַּקַּיִץ בָּעֵמֶק
אוּלַי הָיָה שָׁרָב אוּלַי זוֹ הָיְתָה שְׁעַת שְׁקִיעָה
אוּלַי שְׁקִיעַת זָהָב כְּמוֹ הַיּוֹם בְּאוֹתָהּ הַשָּׁעָה

ב. נִפְרַשׂ הָעֵמֶק לְרַגְלָיו בְּהַר הַגִּלְבּוֹעַ
הָיָה הַקַּיִץ כְּמוֹ עַכְשָׁיו בְּהַר הַגִּלְבּוֹעַ
מִנֶּגֶד הַתָּבוֹר וְהַר הַחֶרְמוֹן בַּמֶּרְחָק
כְּאִילוּ לֹא עָבְרוּ שָׁנִים בְּהַר הַגִּלְבּוֹעַ
אוֹתָם סְלָעִים סְלָעִים שְׁחוּנִים בְּהַר הַגִּלְבּוֹעַ
אוּלַי הָיָה שָׁרָב אוּלַי זוֹ הָיְתָה שְׁעַת שְׁקִיעָה
אוּלַי שְׁקִיעַת זָהָב כְּמוֹ הַיּוֹם בְּאוֹתָהּ הַשָּׁעָה

MACHAR

N. Shemer

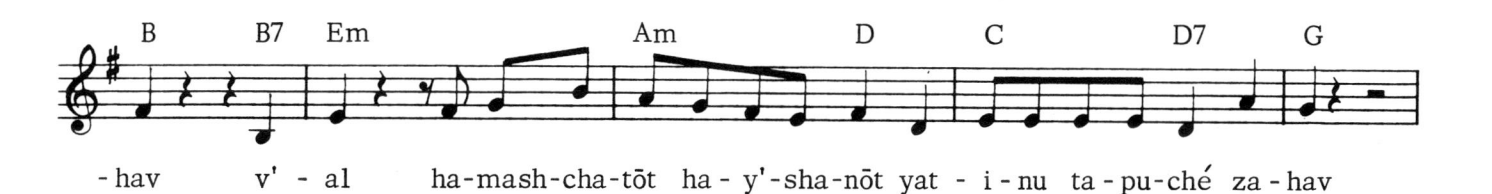

Allegretto
Ma - char u-lai naf - li - ga ba-s'fi - nōt mé - chōf É - lat ad chōf Shen-
-hav v' - al ha-mash-cha-tōt ha - y'-sha-nōt yat - i - nu ta - pu-ché za - hav
kol ze é - nō ma - shal v' - lō cha - lōm ze-na-chōn ka-ōr ba-tso - ho - ra - yim
kol ze ya-vō ma-char im lō ha - yōm v' - im lō ma-char az moch-ro - ta - yim ma -
ma - char v' - im ōd lō ma-char v' - im ōd lō ma-char az moch-ro-ta - yim

Tomorrow will bring a new dawn of peace. And if not tomorrow then surely the following day.

א מָחָר אוּלַי נַפְלִיגָה בִּסְפִינוֹת
מֵחוֹף אֵילַת עַד חוֹף שֶׁנְהָב
וְעַל הַמַּשְׁחָתוֹת הַיְשָׁנוֹת
יַטְעִינוּ תַּפּוּחֵי זָהָב

פזמון כָּל זֶה אֵינוֹ מָשָׁל וְלֹא חֲלוֹם
זֶה נָכוֹן כָּאוֹר בַּצָּהֳרַיִם
כָּל זֶה יָבוֹא מָחָר אִם לֹא הַיּוֹם
וְאִם לֹא מָחָר אָז מָחֳרָתַיִם

ב. מָחָר אוּלַי בְּכָל הַמִּשְׁעוֹלִים
אֲרִי בְּעֵדֶר צֹאן יִנְהַג
מָחָר יַכּוּ בְּאֶלֶף עִנְבָּלִים
הֲמוֹן פַּעֲמוֹנִים שֶׁל חַג. כָּל זֶה.......

ג. מָחָר יָקוּמוּ אֶלֶף שִׁכּוּנִים
וְשִׁיר יָעוּף בַּמִּרְפָּסוֹת
וּשְׁלַל כַּלָּנִיּוֹת וּצְבְעוֹנִים
יַעֲלוּ מִתּוֹךְ הַהֲרִיסוֹת כָּל זֶה......

ד. מָחָר כְּשֶׁהַצָּבָא יִפְשֹׁט מַדָּיו
לִבֵּנוּ יַעֲבֹר לְדָם –
אַחַר כָּל אִישׁ יִבְנֶה בִּשְׁתֵּי יָדָיו
אֶת מַה שֶּׁהוּא חָלַם הַיּוֹם
כָּל זֶה אֵינוֹ מָשָׁל וְלֹא חֲלוֹם
זֶה נָכוֹן כָּאוֹר בַּצָּהֳרַיִם
כָּל זֶה יָבוֹא מָחָר אִם לֹא הַיּוֹם
וְאִם לֹא מָחָר וְאִם עוֹד לֹא מָחָר
וְאִם עוֹד לֹא מָחָר אָז מָחֳרָתַיִם

SHIRO SHEL ABA

N. Shemer

If you have cleared stones upon the mountain to build a new home, then your work, my brother, has not been in vain. From just such work the Temple shall be rebuilt.

א. אִם בָּהָר חָצַבְתָּ אֶבֶן
לְהָקִים בִּנְיָן חָדָשׁ
בָּהָר חָצַבְתָּ אֶבֶן
לְהָקִים בִּנְיָן חָדָשׁ
לֹא לַשָּׁוְא אָחִי חָצַבְתָּ
לְבִנְיָן חָדָשׁ
כִּי מִן הָאֲבָנִים הָאֵלּוּ
יִבָּנֶה הַמִּקְדָּשׁ
יִבָּנֶה יִבָּנֶה יִבָּנֶה הַמִּקְדָּשׁ

ב. אִם בָּהָר נָטַעְתָּ אֶרֶז
אֶרֶז בִּמְקוֹם דַּרְדָּר
בָּהָר נָטַעְתָּ אֶרֶז
אֶרֶז בִּמְקוֹם דַּרְדָּר
לֹא לַשָּׁוְא אָחִי נָטַעְתָּ
בִּמְקוֹם דַּרְדָּר
כִּי מִן הָאֲרָזִים הָאֵלּוּ
יִבָּנֶה הַמִּקְדָּשׁ
יִבָּנֶה יִבָּנֶה יִבָּנֶה הָהָר

ג. אִם לֹא שַׁרְתָּ לִי שִׁיר עֲדַיִן
שִׁירָה לִי מִזְמוֹר חָדָשׁ
שֶׁהוּא עַתִּיק מִיַּיִן
וּמָתוֹק מִדְּבָשׁ
שִׁיר שֶׁהוּא כְּבֶן אַלְפַּיִם
וּבְכָל יוֹם חָדָשׁ
יִבָּנֶה יִבָּנֶה יִבָּנֶה הַמִּקְדָּשׁ

KACHOL V'LAVAN

I. Reshel Tempo di Valse

Song from Russia

Blue and white—these are my colors, the colors of my land.
Blue and white—these shall be my colors all the days of my life, forever.

א. כָּחוֹל וְלָבָן זֶה צֶבַע שֶׁלִּי.
כָּחוֹל וְלָבָן צִבְעֵי אַדְמָתִי.
כָּחוֹל וְלָבָן כָּחוֹל וְלָבָן
זֶה צֶבַע שֶׁלִּי כָּל יָמַי לְעוֹלָם.

ב. כָּחוֹל וְלָבָן כְּמוֹ שִׁיר, כְּמוֹ חֲלוֹם
כָּחוֹל וְלָבָן תִּקְוָה לְשָׁלוֹם.
כָּחוֹל וְלָבָן..........

ג. כָּחוֹל וְלָבָן חֶרְמוֹן וְכִנֶּרֶת
כָּחוֹל וְלָבָן לִבִּי מְזַמֵּר אֶת
כָּחוֹל וְלָבָן............

ד. כָּחוֹל וְלָבָן שָׁמַיִם וָשֶׁלֶג
כָּחוֹל וְלָבָן זֶה פֶּלֶא וָפֶלֶא.
כָּחוֹל וְלָבָן..........

ה. כָּחוֹל וְלָבָן אֵין צֶבַע אַחֵר
כָּחוֹל וְלָבָן אֲנִי רַק חוֹזֵר.
כָּחוֹל וְלָבָן..........

© SHARON MUSIC - ALL RIGHTS RESERVED

YÉSH LI CHAG

N. Shemer

Each and every wondrous day is truly a holiday. Halleluya!

א. הִנֵּה הַיּוֹם חָלַף, הָלַךְ הַגֶּשֶׁם
וְקֶשֶׁת בַּמָּרוֹם עַכְשָׁיו תְּלוּיָה
וְאִם טִפַּת חֶמְאָה יֵשׁ עַל הַלֶּחֶם
אָז זֶהוּ כָּל הֶחָג הַלְלוּיָה
יֵשׁ לִי יוֹם יוֹם חַג
יֵשׁ לִי חַג יוֹם יוֹם
יֵשׁ לִי יוֹם יוֹם חַג הַלְלוּיָה

ב. הַתִּינוֹקוֹת פִּתְאֹם יוֹדְעִים לָלֶכֶת
וּבְנֵי הַשֵּׁשׁ פִּתְאֹם יוֹדְעִים לִקְרֹא
וְאִם הַשֶּׁמֶשׁ עַל הַכֹּל צוֹחֶקֶת
אָז זֶהוּ זֶה הַחַג בַּהֲדָרוֹ....

ג. הַלְלוּיָה בִּגְלַל דְּבָרִים כָּאֵלֶּה
הַלְלוּיָה אֲנִי עֲדַיִן שָׁר
הַלְלוּיָה יוֹם יוֹם וְאֵיזֶה פֶּלֶא
הַלְלוּיָה – לַחַג שֶׁלֹּא נִגְמַר......

© by the Author - ALL RIGHTS RESERVED

ZEMER BADRACHIM

M. Dor
J. Hadar

Ha-ra-ka-vōt nas-u el ha-mer-chak v'-rak tsfi-ra hō-ti-ru l'-maz-ke-ret a-val kō-léch é-lai ta-mid yits-chak u-va-dra-chim tsō-hél ta-mid va-cham

Refrain
ki ha-dra-chim yō-li-chu ad si-yum ach la-shi-rim la-ad én kéts la-chén ha-ze-mer lō yō-ve la-num v'-hu é-la-yich mit-pa-réts

Everything in life must come to an end but song is eternal.

הָרַכָּבוֹת נָסְעוּ אֶל הַמֶּרְחָק
וְרַק צְפִירָה הוֹתִירוּ לְמַזְכֶּרֶת
אֲבָל קוֹלֵךְ אֵלַי תָּמִיד יִצְחַק
וּבַדְּרָכִים צוֹהֵל תָּמִיד וְחָם

פזמון כִּי הַדְּרָכִים יוֹלִיכוּ עַד סִיּוּם
אַךְ לַשִּׁירִים לָעַד אֵין קֵץ
לָכֵן הַזֶּמֶר לֹא יֹאבֶה לָנוּם
וְהוּא אֵלַיִךְ מִתְפָּרֵץ

© by the Authors - ALL RIGHTS RESERVED

KO LECHAI

B. Brickman   R. Neumann

34

The birthday this year of a country beloved is a crown to her people's greatness and an adornment to their beautiful land. Peace be with you, Israel! Many happy returns, Israel!

א. יוֹם הֻלֶּדֶת הַשָּׁנָה לְמוֹלֶדֶת חֲבִיבָה
הוּא עֲטֶרֶת לְגֹדֶל אֻמָּה וְתִפְאֶרֶת אֶרֶץ נָאוָה
שָׁלוֹם לָךְ יִשְׂרָאֵל! כֹּה לֶחָי, יִשְׂרָאֵל
כֹּה לֶחָי, כֹּה לֶחָי כֹּה לֶחָי. כֹּה לֶחָי
שָׁלוֹם לָךְ יִשְׂרָאֵל! כֹּה לֶחָי יִשְׂרָאֵל.
ב. יוֹם חֵרוּת הַשָּׁנָה לַמְּדִינָה הַבְּרוּכָה
הוּא עֲטֶרֶת לִכְבוֹד גְּבוּרָתָהּ
וְתִפְאֶרֶת עַם נִפְלָא

© by the Authors - ALL RIGHTS RESERVED

GUR BA'ARETS HAZOT

Genesis 26:3

M. Nathanson

With vigor

Live in this land and I will be with you and bless you.

גּוּר בָּאָרֶץ הַזֹּאת
וְאֶהְיֶה עִמְּךָ וַאֲבָרְכֶךָּ

© by the Author - ALL RIGHTS RESERVED

L'VAV ENOSH

S. Varda-Levi **J. Hadar**

With movement
L' - vav e-nōsh k'mō éts shel brōsh im a - na - fim da - kim b' -
-yé - u - shō yi - kōf rō - shō la - ru - ach ach im ti - pa a - lav nat - fa shel
ō-dem pun - da - kim ha - kōl yō - hav bim - lō lé - vav pa - tu - ach nir -
1. ad mé - tar v' - né - vel shar ba - cha - lō-mō nir - dam b' - ō-dem a-na-vim v'-yén ta-
2. la la la
-pu - ach u - vi - chra-mim lōch - ōt g'fa-nim é - nav a - dōm nich - lam ki
-la
hit - a - va im a - na - va la - su - ach la -

A little bit of red wine can turn human despair into full-hearted optimism.

לְבַב אֱנוֹשׁ כְּמוֹ עֵץ שֶׁל בְּרוֹשׁ
עִם עֲנָפִים דַּקִּים
בְּיֵאוּשׁוֹ יָכוֹף רֹאשׁוֹ לָרוּחַ
אַךְ אִם טִפָּה עָלָיו נָטְפָה
שֶׁל אוֹדֶם פּוּנְדָּקִים
הַכֹּל יֹאהַב בִּמְלֹא לֵבָב פָּתוּחַ

נִרְעַד מֵיתָר וָנֵבֶל שָׁר
בַּחֲלוֹמוֹ נִרְדָּם
בְּאֹדֶם עֲנָבִים וְיֵין תַּפּוּחַ
וּבִכְרָמִים לוֹחֲאוֹת גְּפָנִים
עֵנָב אָדוֹם נִכְלָם
כִּי הִתְאַוָּה עִם עֲנָוָה לָשׂוּחַ
לללללללללל.............

© by the Authors - ALL RIGHTS RESERVED

TAPU'ACH CHINANI

M. Dor *Joseph Hadar*

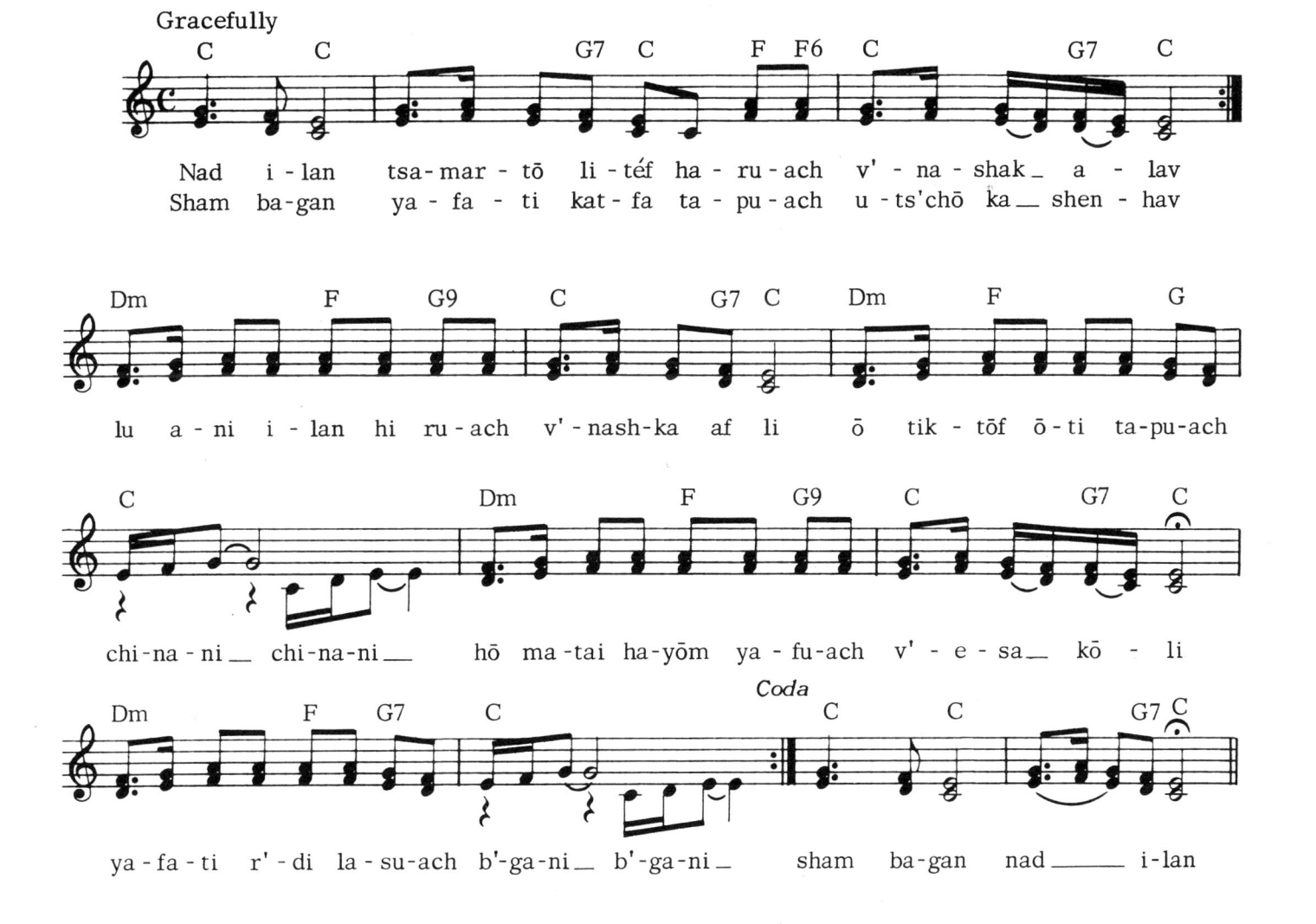

Gracefully
Nad i - lan tsa-mar - tō li - teḟ ha - ru - ach v' - na - shak _ a - lav
Sham ba-gan ya - fa - ti kat - fa ta - pu - ach u - ts'chō ka _ shen - hav
lu a - ni i - lan hi ru - ach v' - nash - ka af li ō tik - tōf ō - ti ta-pu-ach
chi-na-ni _ chi-na-ni _ hō ma-tai ha-yōm ya - fu-ach v' - e - sa _ kō - li
ya - fa - ti r' - di la - su-ach b'-ga-ni _ b'-ga-ni _ sham ba-gan nad _ i-lan

The wind caresses the treetops and kisses its leaves. There in the garden my beauty picked an apple. If I were a tree and she the wind she would kiss me too.

נַד אִילָן צַמַּרְתּוֹ לִטֵּף הָרוּחַ וְנָשַׁק עָלָיו
שָׁם בַּגָּן יָפָתִי קָטְפָה תַּפּוּחַ וּצְחוֹקָהּ שֶׁנְּהָב
לוּ אֲנִי אִילָן הִיא רוּחַ וְנָשְׁקָה אַף לִי
אוֹ תִּקְטֹף אוֹתִי תַּפּוּחַ חִנָּנִי
הוֹי מָתַי הַיּוֹם יָפוּחַ וְאֶשָּׂא קוֹלִי
יָפָתִי רְדִי לָשׂוּחַ בְּגַנִּי
שָׁם בַּגָּן נַד אִילָן......

© by the Authors - ALL RIGHTS RESERVED

SHOVACH YONIM

A. Ben Zeev — *Effi Netzer*

Delicately
Ma n'-va-késh yal-da-ti hak'-ta-na v'-al ma kén al ma na-cha-
-lōm al shō-vach yō-nim sham bik-tsé ha-gi-na v'-
-gag r'-a-fim lō a-dōm al dōm shō--- shō---
shō-vach yō-nim lu ha-ya la-nu mul cha-lō-né-nu v'-ha-
-yi-nu az shné-nu pa-chōt bō-d'-dim nō-hav ze et ze ki-
-sh'ta-yim yō-nim ki-sh'ta-yim yō-né-nu.

In our own little house we shall be as content as the two doves sharing a cote at the edge of the garden.

א. מַה נְבַקֵּשׁ יַלְדָּתִי הַקְּטַנָּה
וְעַל מַה כֵּן עַל מַה נַחֲלוֹם
עַל שׁוֹבַךְ יוֹנִים שָׁם בִּקְצֵה הַגִּנָּה
וְגַג רְעָפִים לוֹ אָדוֹם

פזמון
שׁוֹ־שׁוֹ־שׁוֹבַךְ יוֹנִים
לוּ הָיָה לָנוּ מוּל חַלּוֹנֵנוּ
וְהָיִינוּ אָז שְׁנֵינוּ פָּחוֹת בּוֹדְדִים
נֹאהַב זֶה אֶת זֶה כִּשְׁתַּיִם יוֹנִים
כִּשְׁתַּיִם יוֹנֵינוּ

ב. שׁוּב לֹא נֹאמַר הַיַּעַר שׁוֹתֵק
הָאָבִיב עַל בֵּיתֵנוּ פָּסַח
הִנֵּה לְמוּלֵנוּ הוֹמֶה וְשׁוֹקֵק
הַשּׁוֹבַךְ שֶׁלִּי וְשֶׁלָּךְ.....

ג. בֹּקֶר יָאִיר אֶת בֵּיתֵנוּ הַדַּל
נְשַׁחֵר אֶת פָּנָיו צוֹחֲקִים
נִטְבּוֹל מֵחָדָשׁ בְּבָשְׂמוֹ שֶׁל הַטַּל
נַקְשִׁיב לְהֶמְיַת הַיּוֹנִים.....

S'U TSIYONA

Folk tune

March

S' - u Tsi - yō - na nés va - de - gel de - gel ma - cha - né Y' - hu - da
mi va - re - chev mi va - re - gel né - as na la - a - gu - da
ya - chad nél - cha na na - shu - va ar - tsa a - vō - té - nu
el ar - tsé - nu ha - a - hu va e - res yal - du - té - nu

Lift your banners high. Together we shall return to our beloved land, the land of our forefathers.

שְׂאוּ צִיּוֹנָה נֵס וָדֶגֶל דֶּגֶל מַחֲנֵה יְהוּדָה
מִי בָרֶכֶב מִי בָרֶגֶל – נֵעָשׂ נָא לַאֲגֻדָּה
יַחַד נֵלְכָה נָא נָשׁוּבָה אַרְצָה אֲבוֹתֵינוּ
אֶל אַרְצֵנוּ הָאֲהוּבָה – עֶרֶשׂ יַלְדוּתֵנוּ

TSENA

I. Miron
J. Grossman

Round I
Tse-na tse-na tse-na tse-na ha-ba-nōt ur'-e-na cha-ya-lim ba-mō-sha-
al na al na al na al na al na tit-cha-be-na mi-ben cha-yil ish tsa-
-va tse-na tse-na ha-ba-nōt ur'-e-na cha-ya-lim ba-mō-sha-
-va al na al na al na tit-cha-be-na mi-ben cha-yil ish tsa-
va va tse-na tse-na tse-na tse-na tse-na
tse-na tse-na tse-na tse-na tse-na tse-na tse-na tse-na tse-na

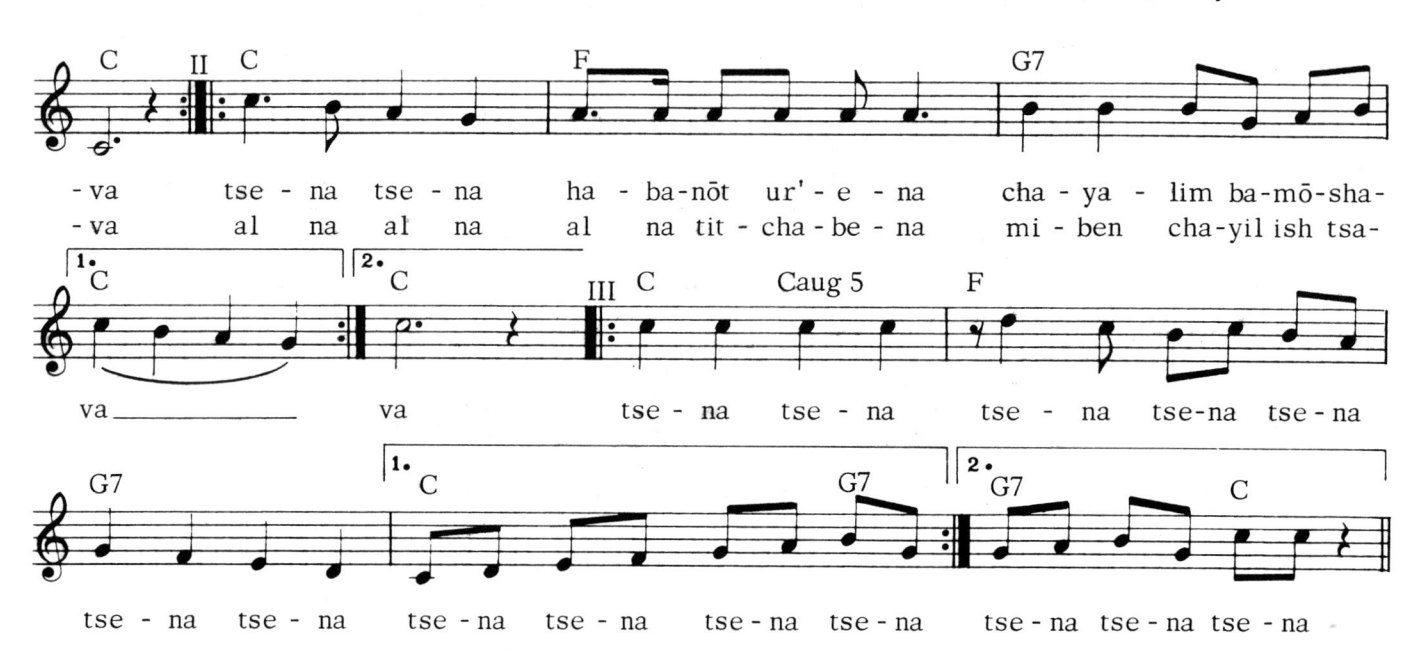

Come out, you fair girls, and greet the soldiers. Do not fear the heroic warriors.

צְאֶנָה הַבָּנוֹת וּרְאֶינָה
חַיָּלִים בַּמּוֹשָׁבָה
אַל־נָא תִּתְחַבֶּאנָה
מִבֶּן־חַיִל אִישׁ צָבָא

ÉTS HA'ALON

Y. Tahar-Lev

M. Amarillio

In gentle fashion
Bén a - tsé ha - ya - ar al giz - ō ha - sav k'vad ya - mim va -
- sa - ar éts a - lōn ni - tsav u - a u - a u - a la - ma u - ma -
- du - - a nad ha - e - tsev ba - ō - lam
a - tsu -
vim shi - rai ku - lam
last ending*
- vim shi - rai ku - lam

In the forest on its ancient trunk stands an oak tree. Many long years and storms have come and gone but this tree still stands on. Why, o why is there so much sadness in the world? Why, o why, are all my songs so sad?

בֵּין עֲצֵי הַיַּעַר עַל גִּזְעוֹ הַסָּב
כְּבַד יָמִים וָסַעַר עֵץ אַלּוֹן נִיצָּב
הוּ־אַ הוּ־אַ הוּ־אַ לָמָה וּמַדּוּעַ
נַד הָעֶצֶב בָּעוֹלָם
הוּ־אַ הוּ־אַ הוּ־אַ לָמָה וּמַדּוּעַ
עֲצוּבִים שִׁירַי כֻּלָּם?

ב. פַּעַם בִּשְׁנוֹת אֶלֶף דוּכִיפַת זָהָב
בָּאָה וּמְזַמֶּרֶת שִׁיר תּוּגָה עָלָיו
הוּ־אַ הוּ־אַ הוּ־אַ לָמָה וּמַדּוּעַ......

ג. וְהָעֵץ קְשֵׁה עוֹרֶף אֶת קוֹלָהּ יִנְצוֹר
לְלֵילוֹת הַחוֹרֶף לְלֵילוֹת הַכְּפוֹר.
הוּ־אַ הוּ־אַ הוּ־אַ לָמָה וּמַדּוּעַ.......

ד. בְּלֵיל קוֹר וָדֶלֶף תָּן אוֹ הֵלֶךְ זָר
פַּעַם בִּשְׁנוֹת אֶלֶף יִשְׁמְעוּהוּ שָׁר
הוּ־אַ הוּ־אַ הוּ־אַ לָמָה וּמַדּוּעַ.......

© by the authors. All Rights Reserved.

YISM'CHU HASHAMAYM

Liturgy

Hassidic

Joyously

Yis - m' - chu ha - sha - ma - yim yis - m' - chu ha - sha - ma - yim
yis - m' - chu ha - sha - ma - yim v' - ta - gel ha - a -
- rets - rets yir - am ha - yam yir - am ha - yam
yir - am ha - yam u - m' - lō - ō lō - ō

Let the heavens rejoice and let the earth be glad. Let the sea roar and the fullness thereof.

יִשְׂמְחוּ הַשָּׁמַיִם וְתָגֵל הָאָרֶץ
יִרְעַם הַיָּם וּמְלֹאוֹ

TSUR MISHELO

Sabbath Zemirot

Ladino Folk Tune

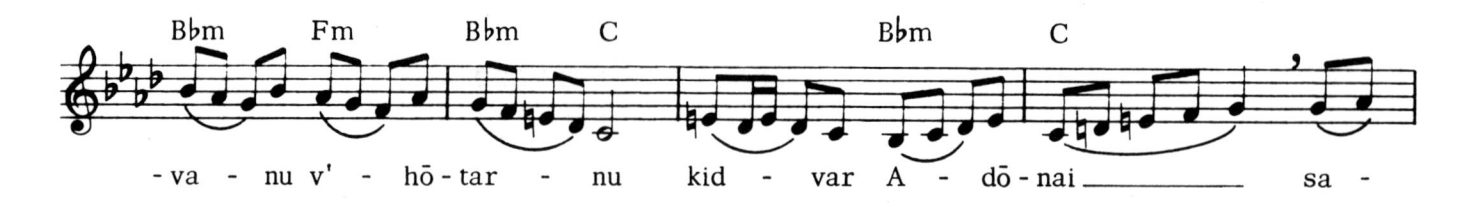

With movement

Tsur mi - she - lō a - chal - nu ba - r' - chu e - mu - nai sa -
- va - nu v' - hō - tar - nu kid - var A - dō - nai sa -
- va - nu v' - hō - tar - nu kid - var A - dō - nai

Let us bless the Lord whose food we ate. Let us thank him with our lips chanting; There is no one holy like our Lord.

צוּר מִשֶּׁלּוֹ אָכַלְנוּ בָּרְכוּ אֱמוּנַי
שָׂבַעְנוּ וְהוֹתַרְנוּ כִּדְבַר ה׳

KOL DODI

Song of Songs 2:8

Oriental Folk tune

Rhythmically

Kol dō - di kol dō - di kol dō - di hi - né ze ba
m' - da - lég al he - ha - rim m' - ka - péts al ha-g'va-ōt m'-da-lég al
he - ha - rim m' - ka - péts al ha - g'va - ōt

Hark! my beloved, behold he cometh leaping upon the mountains, skipping upon the hills.

קוֹל דוֹדִי קוֹל דוֹדִי
קוֹל דוֹדִי הִנֵּה זֶה בָּא
מְדַלֵּג עַל הֶהָרִים
מְקַפֵּץ עַל הַגְּבָעוֹת

EL GINAT EGOZ

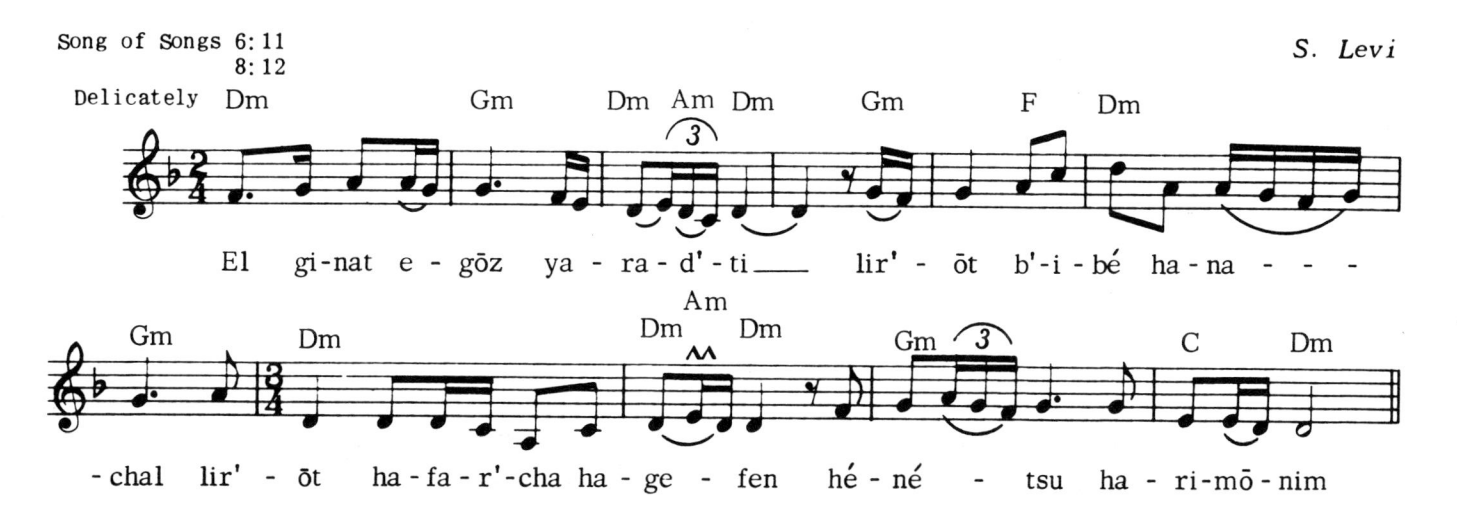

Song of Songs 6:11
8:12

S. Levi

Delicately
El gi-nat e - gōz ya - ra - d'-ti lir' - ōt b'-i - bé ha - na - - -
-chal lir' - ōt ha - fa - r'-cha ha - ge - fen hé - né - tsu ha - ri-mō - nim

I went down into the garden of nuts to look at the green plants of the valley, to see whether the vine budded and the pomegranates were in flower.

אֶל גִּנַּת אֱגוֹז יָרַדְתִּי
לִרְאוֹת בְּאִבֵּי הַנָּחַל
לִרְאוֹת הֲפָרְחָה הַגֶּפֶן
הֵנֵצוּ הָרִמּוֹנִים

© 1952 by ICLP Ltd. Exclusive Publisher, Mills Music, Inc.

LO YISA GOY

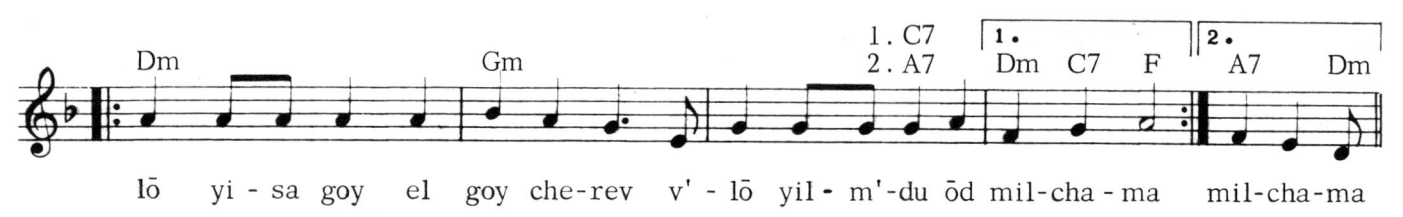

Isaiah 2:4 — Folk tune

With fervor

Lō yi-sa goy el goy che-rev v'lō yil-m'-du ōd mil-cha-ma lō yi-sa goy el goy che-rev v'lō yil-m'-du ōd mil-cha-ma lō yi-sa goy el goy che-rev v'lō yil-m'-du ōd mil-cha-ma mil-cha-ma

Nation shall not lift up sword against nation; neither shall they learn war any more.

לֹא יִשָּׂא גוֹי אֶל גוֹי חֶרֶב
לֹא יִלְמְדוּ עוֹד מִלְחָמָה

OZI V'ZIMRAT YA

Allegro moderato

Psalm 118 — Yemenite Folk Tune

O-zi v'-zi-m'-rat Ya va-y'-hi li li-shu-a o-zi v'-zi-m'-rat Ya va-y'-hi li li-shu-a i-zuz v'-gi-bōr Ya gi-bōr mi-l'-cha-ma i-zuz v'-gi-bōr Ya gi-bōr mi-l'-cha-ma

My strength and the song of God are my redeemers.

עָזִּי וְזִמְרָת יָהּ
וַיְהִי לִי לִישׁוּעָה
ה׳ עִזּוּז וְגִבּוֹר
גִּבּוֹר מִלְחָמָה

AM YISRAÉL CHAI

The Brothers Zim
P. Zimel, S. Zimel

Vigorously
C
Am Yis - ra - él chai am Yis - ra - él chai am Yis - ra - él
G
chai am Yis - ra - él chai am Yis - ra - él chai. am Yis - ra -.
él chai
am Yis - ra - él chai ōd a - vi - nu
ōd A - vi - nu ōd A - vi - nu chai ōd A - vi - nu ōd A - vi - nu
ōd A - vi - nu chai ōd A - vi - nu ōd A - vi - nu ōd A - vi - nu chai
D.C. last time
ōd A - vi - nu chai ōd A - vi - nu chai
rit.
ōd a - vi - nu chai.

The Jewish people lives! Our Father yet lives!

עַם יִשְׂרָאֵל חַי
עוֹד אָבִינוּ חַי

© by the authors. All Rights Reserved.

AM YISRAÉL CHAI No. 2

S. Carlebach

With fervor

Am Yis-ra-él am Yis-ra-él am Yis-ra-él chai am Yis-ra-él am Yis-ra-él am Yis-ra-él chai ōd A-vi-nu chai ōd A-vi-nu chai ōd A-vi-nu ōd A-vi-nu ōd A-vi-nu chai

The Jewish people lives! Our Father yet lives!

עַם יִשְׂרָאֵל חַי
עוֹד אָבִינוּ חַי

© by the Author - ALL RIGHTS RESERVED

V'HAÉR ÉNENU

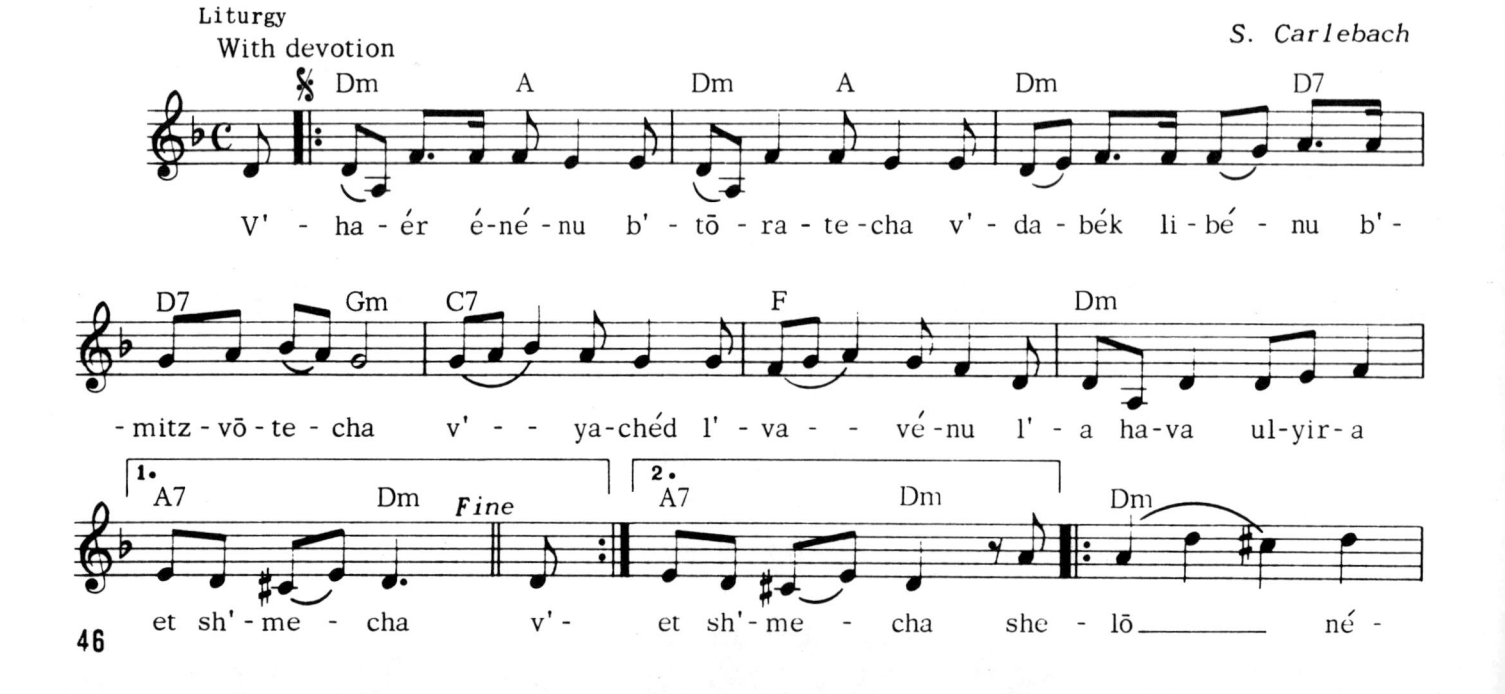

Liturgy
With devotion

S. Carlebach

V'-ha-ér é-né-nu b'-tō-ra-te-cha v'-da-bék li-bé-nu b'-mitz-vō-te-cha v'-ya-chéd l'-va-vé-nu l'-a ha-va ul-yir-a et sh'-me-cha v'- et sh'-me-cha she-lō né-

-vōsh v'-lō___ ni-ka-lém v'-lō___ ni-ka-
-shél___ l'-ō-lam va-ed she-ed v'-

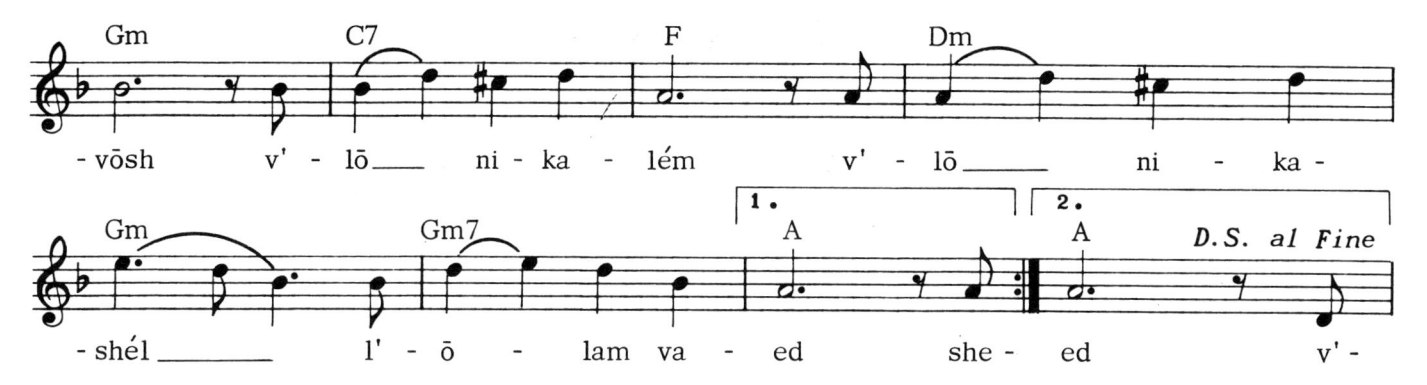

Enlighten our eyes in Thy Torah; attach our heart to Thy commandments; Unite our heart to love and revere Thy name so that we may never be put to shame.

וְהָאֵר עֵינֵינוּ בְּתוֹרָתֶךָ
וְדַבֵּק לִבֵּנוּ בְּמִצְוֹתֶיךָ
וְיַחֵד לְבָבֵנוּ לְאַהֲבָה
וּלְיִרְאָה אֶת שְׁמֶךָ
שֶׁלֹּא נֵבוֹשׁ וְלֹא נִכָּלֵם
וְלֹא נִכָּשֵׁל לְעוֹלָם וָעֶד

© by the Author - ALL RIGHTS RESERVED

L'SHANA HABA'A

Folk tune

Moderately
La-sha-na ha-ba-a Bi-ru-sha-la-yim la-sha-na ha-ba-a Bi-
-ru-sha-la-yim la-sha-na ha-ba-a Bi-ru-sha-la-yim la-
-sha-na ha-ba-a Bi-ru-sha-la-yim ha-b'nu-ya la-sha-na ha-ba-a Bi-
-ru-sha-la-yim Bi-ru-sha-la-yim ha-b'nu-ya la-sha-na ha-ba-a Bi-
-ru-sha-la-yim Bi-ru-sha-la-yim hab'-nu-ya

Next year in Jerusalem!

לְשָׁנָה הַבָּאָה בִּירוּשָׁלַיִם הַבְּנוּיָה

ÉN ADIR

Liturgy

Oriental Folk tune

Moderately

Én a - dir Ka - dō - nai én ba - ruch k' - ven A - m' - ram
én g' - du - la ka - To - ra én dō - r' - she - ha k' - Yis - ra - él
mi pi Él mi pi Él y' - vo - rach Yis - ra - él

There is no one greater than God. There is none more blessed than Moses. There is nothing greater than the Torah. There are no people as wonderful as the people of Israel.

א. אֵין אַדִּיר כַּה'
וְאֵין בָּרוּךְ כְּבֶן־עַמְרָם
אֵין גְּבִירָה כַּתּוֹרָה
וְאֵין דּוֹרְשֶׁהָ כְּיִשְׂרָאֵל
מִפִּי אֵל מִפִּי אֵל
יְתְבָּרֵךְ יִשְׂרָאֵל

ב. אֵין הָדוּר כַּה'
וְאֵין וָתִיק כְּבֶן־עַמְרָם
אֵין זְכוּרָה כַּתּוֹרָה
וְאֵין חוֹנְנָה כְּיִשְׂרָאֵל.....

ג. אֵין טָהוֹר כַּה'
וְאֵין יָדִיד כְּבֶן־עַמְרָם
אֵין כְּבוּדָה כַּתּוֹרָה
וְאֵין לוֹמְדָה כְּיִשְׂרָאֵל

ד. אֵין מֶלֶךְ כַּה'
וְאֵין נָבִיא כְּבֶן עַמְרָם
אֵין סְמוּכָה כַּתּוֹרָה
וְאֵין עוֹזְרָה כְּיִשְׂרָאֵל

HARACHAMAN

C. Kirsch

Liturgy
Joyously
Ha - ra - cha - man___ hu yish - lach la - nu et É - li - ya - hu ha - na -
- vi___ ha - ra - cha - man___ hu yish - lach la - nu et É - li - ya - hu ha - na - vi za - chur la -
- tōv___ vi- va - sér la - nu la - nu vi - va - sér la - nu la - nu vi-
- va - sér la - nu b'sō - rōt tō - vōt y' - shu - ōt v' - ne - cha - mōt vi - mōt___
last time ad lib
- mōt y' - shu - ōt v' - ne - cha - mōt y' - shu - ōt v' - ne - cha - mōt___

May the All-Merciful send us Elijah the prophet who shall give us good tidings, salvation and consolation.

הָרַחֲמָן הוּא יִשְׁלַח לָנוּ
אֶת אֵלִיָּהוּ הַנָּבִיא – זָכוּר לַטּוֹב
וִיבַשֶּׂר לָנוּ בְּשׂוֹרוֹת טוֹבוֹת
יְשׁוּעוֹת וְנֶחָמוֹת

© by the Author - ALL RIGHTS RESERVED

T'KA B'SHOFAR

Liturgy
Allegro moderato

P. Kehati

Sound the great shofar for our freedom and bring us speedily from the four corners of the earth to our homeland.

תְּקַע בְּשׁוֹפָר גָּדוֹל לְחֵרוּתֵנוּ
וְשָׂא נֵס לְקַבֵּץ גָּלֻיּוֹתֵינוּ
וְקַבְּצֵנוּ יַחַד מְהֵרָה
מֵאַרְבַּע כַּנְפוֹת הָאָרֶץ לְאַרְצֵנוּ

HASAM NAFSHÉNU

Psalm 66: 9

E. M. Krugman

Moderato
Ha - sam naf - shé - nu ha - sam naf - shé - nu ha - sam naf -
- shé - nu naf - shé - nu ba - cha - yim ha - sam naf - yim v' -
- lō v' - lō v' - lō na-tan la-mōt rag - lé - nu ha-mad - ri - ché - nu al ba-mōt oy -
- vé - nu v' - lo v' - lo v' - lo na - tan la - mōt rag - lé - nu ha -
- mad - ri - ché - nu al ba-mōt oy - vé - nu va - ya - rem kar - né - nu
al kol sōn' - é - nu va - ya - rem kar - né - nu al kol al kol sōn' - é - nu v' -

He kept us alive and did not let us slip. He raised our strength over all our foes.

הַשָּׂם נַפְשֵׁנוּ בַּחַיִּים
וְלֹא נָתַן לַמּוֹט רַגְלֵנוּ
הַמַּדְרִיכֵנוּ עַל בָּמוֹת אֹיְבֵינוּ
וַיָּרֶם קַרְנֵנוּ עַל כָּל שֹׂנְאֵינוּ

© by the Author - ALL RIGHTS RESERVED

SHAB'CHI

Psalm 147:12

S. Rockoff

Joyously
Sha - b' - chi Y'-ru-sha - la-yim et Ha-shem ha - l' - li E - lō - ka - yich tsi-
- yōn sha - b' - chi Y'-ru-sha - la - yim et Ha-shem ha - l' - li E - lō - ka - yich Tsi-
- yōn sha - b' - yōn sha - b' - chi Y' - ru - sha - la - yim sha - b'-
- chi Y' - ru-sha-la-yim et Ha - shem ha - l' - li Tsi-yōn ha - l' - li Tsi - yōn ha - l'-
- li E - lō - ka - yich Tsi - yōn sha - b' - li E - lō - ka - yich Tsi - yōn.

Praise the Lord O Jerusalem!
Praise your God, O Zion!

שַׁבְּחִי יְרוּשָׁלַיִם אֶת הַ׳
הַלְלִי אֱלֹקַיִךְ צִיּוֹן

© by the Author - ALL RIGHTS RESERVED

USH'AVTEM MAYIM

Isaiah 12:3

E. Amiran

Hora

U - sh'av-tem ma - yim b'-sa-sōn mi-mai-né ha - y'-shu - a u-sh'av-tem ma-yim b'-sa-sōn mi-mai-né ha - y'-shu - a ma-yim ma-yim ma-yim ma-yim hō ma-yim b'-sa-sōn ma-yim ma-yim ma-yim ma-yim hō ma-yim b'-sa-sōn hey hey hey hey ma-yim ma-yim ma-yim ma-yim ma-yim ma-yim b'-sa-sōn ma-yim ma-yim ma-yim ma-yim ma-yim ma-yim b'-sa-sōn

Joyfully shall you draw upon the fountains of deliverance.

וּשְׁאַבְתֶּם מַיִם בְּשָׂשׂוֹן
מִמַּעַיְנֵי הַיְשׁוּעָה

© 1952 by ICLP Ltd. Exclusive Publisher, Mills Music, Inc.

TSADIK KATAMAR

Psalm 92

A. Maslo

Liltingly

Tsa - dik ka - ta - mar yif - rach yif - rach tsa - dik ka - ta - mar yif - rach tsa -

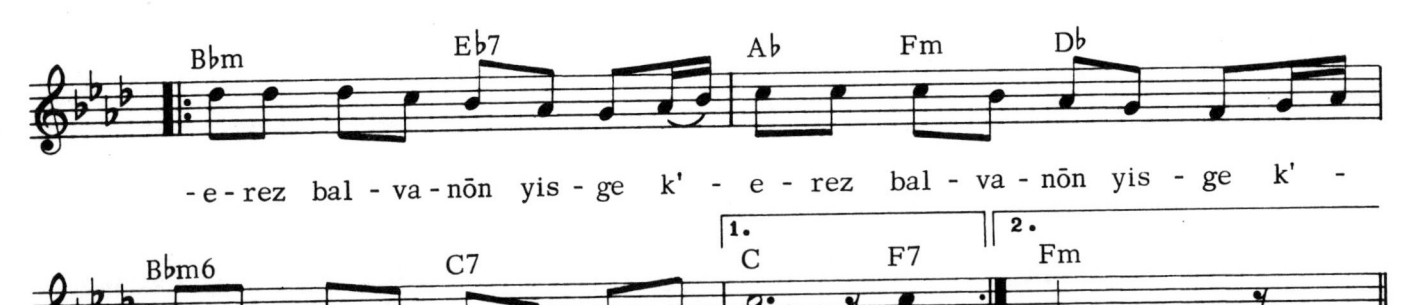

- dik ka - ta - mar yif - rach yif - rach tsa - dik ka - ta - mar yif - rach k' -

- e - rez bal - va - nōn yis - ge k' - e - rez bal - va - nōn yis - ge k' -

- e - rez bal - va - nōn yis - ge yis - ge k' - ge

The righteous shall flourish like the palm tree; they will grow like a cedar in Lebanon.

צַדִּיק כַּתָּמָר יִפְרָח
כְּאֶרֶז בַּלְּבָנוֹן יִשְׂגֶּה

© Edition "OR-TAV" - ALL RIGHTS RESERVED

VAHAVI'ÉNU L'TSIYON

Liturgy
Moderato
Hassidic
Va - ha - vi - é - nu l'-Tsi - yōn i - r' - cha l' - Tsi - yōn
i - r'-cha b' - ri - na V' - li - ru - sha - la-yim Bét Mik - da-sh'-cha
Bét Mik - da - sh' - cha b' - sim-chat ō - lam lam va - ha - vi -
- é - nu l' - Tsi - yōn i - r' - cha l'-Tsi - yōn i - r' - cha b' - ri -
- na V' - li - ru - sha - la - yim Bét Mik - da - sh' - cha
Bét Mik - da - sh'-cha b' - sim - chat ō - lam lam

Lead us with exultation into Zion Thy city, and into Jerusalem the place of Thy sanctuary with everlasting joy.

וַהֲבִיאֵנוּ לְצִיּוֹן עִירְךָ בְּרִנָּה
וְלִירוּשָׁלַיִם בֵּית מִקְדָּשְׁךָ בְּשִׂמְחַת עוֹלָם

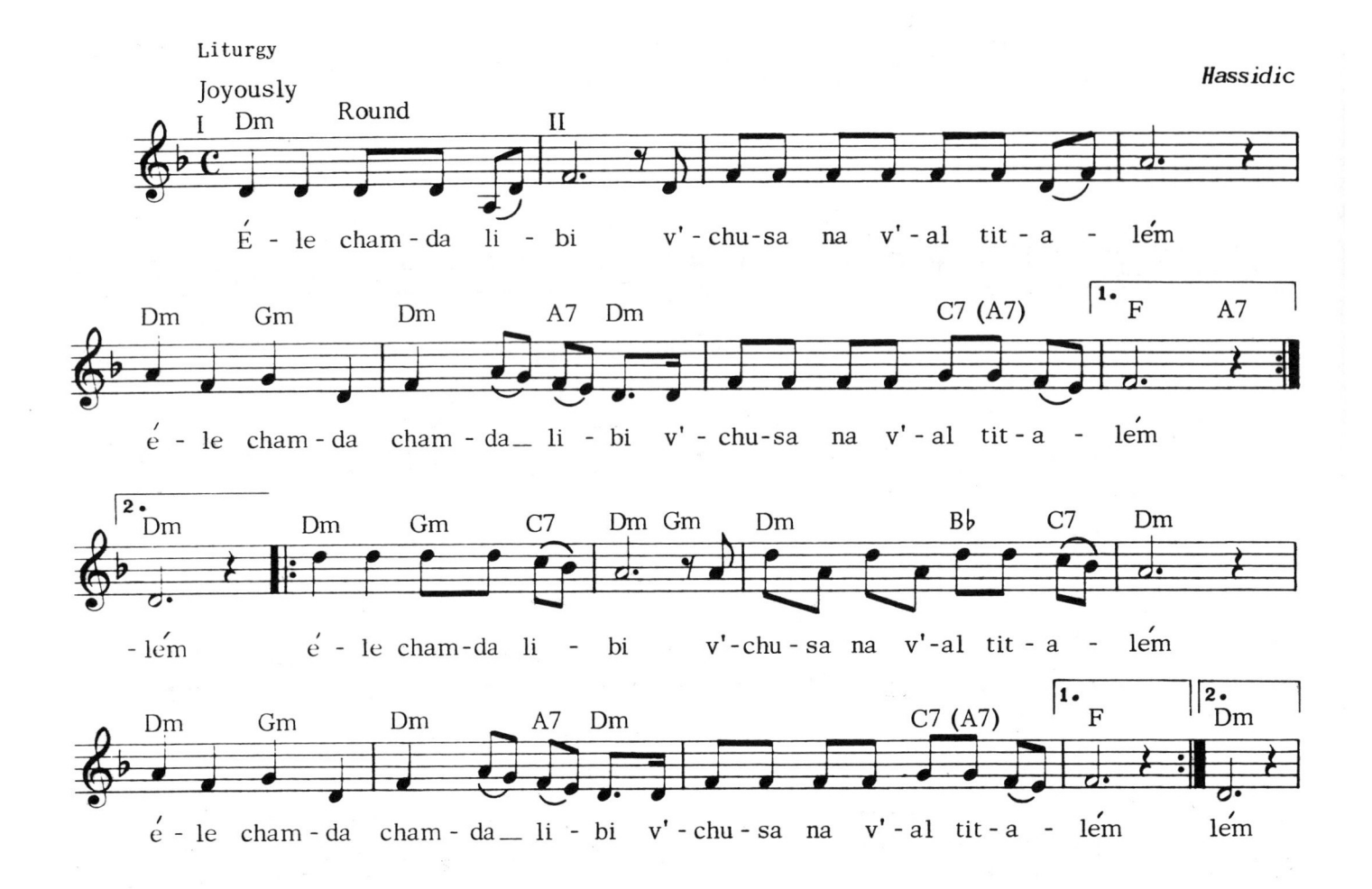

ÉLE CHAMDA LIBI

Liturgy

Hassidic

Joyously
Round
É - le cham - da li - bi v' - chu-sa na v' - al tit - a - lem
é - le cham - da cham - da li - bi v' - chu-sa na v' - al tit - a - lem
- lem é - le cham-da li - bi v'-chu - sa na v'-al tit - a - lem
é - le cham - da cham - da li - bi v' - chu - sa na v' - al tit - a - lem lem

These are the desires of my heart. Have mercy and turn not away from us.

אֵלֶּה חָמְדָה לִבִּי
וְחוּסָה נָּא וְאַל תִּתְעַלֵּם

CHEY ARTSÉNU

Round I

African Folk Tune

I
Chey ar-tsé-nu e-rets mō-le-det rō-nu rō-nu rō-nu
II
rō-nu rō-nu rō-nu rō-nu rō-nu
III
la la la la la la la la la la la la la la la la la la la la la la la la la la

Sing out for Israel our homeland.

חֵי אַרְצֵנוּ אֶרֶץ מוֹלֶדֶת
רוֹנוּ רוֹנוּ רוֹנוּ

YIBANE AMÉNU

Round

S. Silbermintz

I
Yi - ba-ne a-mé-nu b'-ar-tsé-nu
II
b'-ar-tsé-nu yi-ba-ne
III
yi-ba-ne yi-ba-ne yi-ba-ne yi-ba-ne

Our nation will be rebuilt in our land.

יִבָּנֶה עַמֵּינוּ בְּאַרְצֵנוּ

© by the Author - ALL RIGHTS RESERVED

MIMA'AMAKIM

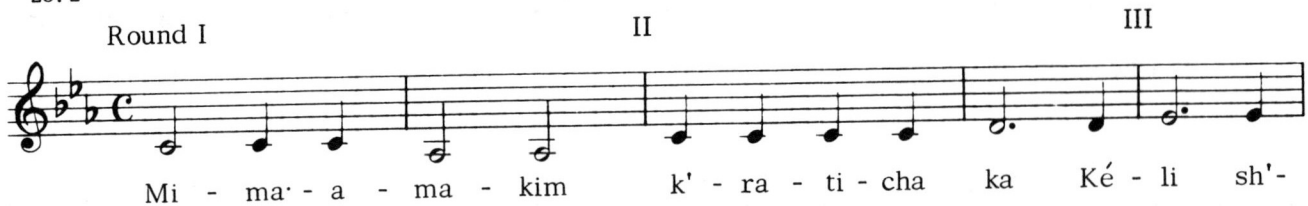

Psalm 130:1
28:2

Out of the depths have I called Thee, O Lord. Hear the voice of my supplications.

מִמַּעֲמַקִּים קְרָאתִיךָ יָהּ
אֵלִי שְׁמַע קוֹלִי שְׁמַע תַּחֲנוּנָי

AL NAHAROT BAVEL

Psalm 137:1, 2, 4

By the rivers of Babylon we sat down and wept when we remembered Zion. We hung our harps upon the willows for how shall we sing the Lord's song in a foreign land?

עַל נַהֲרוֹת בָּבֶל
בָּכִינוּ שָׁם בְּזָכְרֵנוּ אֶת צִיּוֹן.

עַל עֲרָבִים בְּתוֹכָהּ תָּלִינוּ כִּנּוֹרוֹתֵינוּ
אֵיךְ נָשִׁיר עַל אַדְמַת נֵכָר

HINÉ MA TOV

Psalm 133:1

Folk song

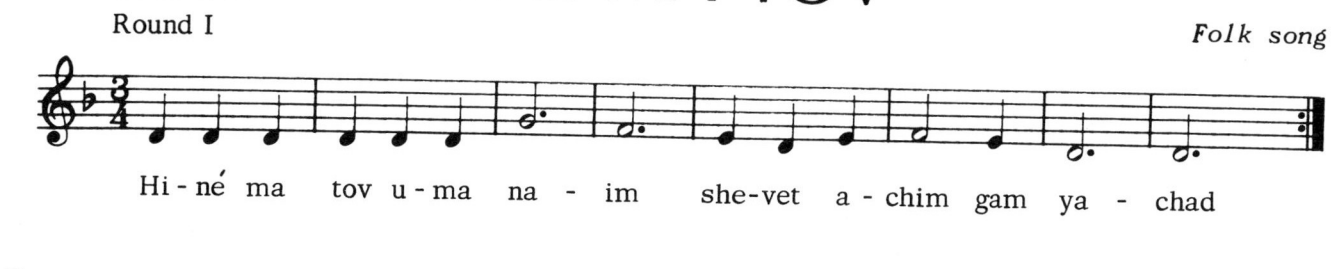

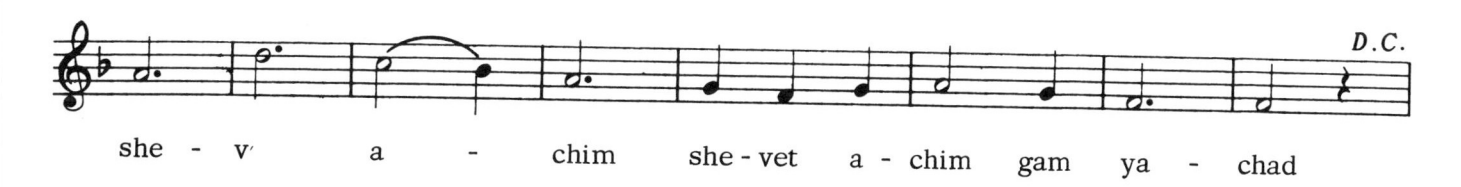

Round I
Hi-né ma tov u-ma na - im she-vet a - chim gam ya - chad
II
hi - né ma tov u - ma na - im
she - v a - chim she - vet a - chim gam ya - chad
D.C.

Behold how good and pleasant it is for brothers to dwell together in unity.

הִנֵּה מַה טּוֹב וּמַה נָּעִים
שֶׁבֶת אַחִים גַּם יָחַד

LO IRA

Psalm 3:7

I. Fuchs

Round I
Lō i - ra mé - ri - v'-vōt am a - sher sa - viv sha - tu a -
1.
2.
Fine
II
-lai a - lai lō i- -lai a - lai ku - ma Ha - shem
1.
2.
D.C.
hō - shi - é - - - ni ku - ni lō i -

I shall not fear the multitudes that have set themselves against me. Arise, O Lord; save me.

לֹא אִירָא מֵרִבְבוֹת עָם
אֲשֶׁר סָבִיב שָׁתוּ עָלָי
קוּמָה ה׳ הוֹשִׁיעֵנִי.

© by the Author - ALL RIGHTS RESERVED

HAVA NASHIRA

Ha - va na - shi - ra shir Ha - l' - lu - ya ha - va na - shi - ra
shir Ha - l' - lu - ya ha - va na - shi - ra shir Ha - l' - lu - ya

Let us sing a song of praise. Halleluyah.

הָבָה נָשִׁירָה שִׁיר הַלְלוּיָהּ

ERETZ ZAVAT

Deuteronomy 27:3

E. Gamliel

Moderately

E - rets za-vat cha - lav cha-lav u-d'-vash e-rets za-vat cha - lav
cha - lav u-d'-vash e - rets za-vat cha - lav cha - lav u-d'-vash
e - rets za-vat cha - lav cha-lav u-d'-vash e - rets za-vat cha - lav
za - vat cha - lav u-d'-vash e - rets za-vat cha - lav za-vat cha-lav u-d'-vash

A land flowing with milk and honey.

אֶרֶץ זָבַת חָלָב וּדְבָשׁ

© Edition "NEGEN" - ALL RIGHTS RESERVED

HODU LAKÉL

Round I

P. Kuhlau

Hō - du la - Kél ni - tén ka - vōd ki hu shō - mér ki hu ō-

-zér ki hu mō - shi - a u - ma - gén al kén ni - tén la-Kél tō-

II

-dōt al kén ni - tén la - Kél tō - dōt ki hu shō - mér ki hu ō-zér

ki hu mō-shi-a u-ma-gén ki hu mō-shi-a u-ma-gén al kén al kén

III

___ al kén ni - tén la - Kél tō - dōt al kén ni - tén la-Kél tō-

-dōt al kén ni - tén la - Kél tō - dōt ki hu shō - mér ki hu ō - zér ki hu mō-

-shi - a u - ma - gén al kén al kén _____ al kén ni - tén la-Kél tō - dōt

Praise and honor the Lord for he is our helper and protector.

הוֹדוּ לָאֵ־ל נִתֵּן כָּבוֹד
כִּי הוּא שׁוֹמֵר כִּי הוּא עוֹזֵר
כִּי הוּא מוֹשִׁיעַ וּמָגֵן.
עַל כֵּן נִתֵּן לָאֵ־ל כָּבוֹד

SHALOM AL YISRAÉL

Lyrics: *D. Barak*
English: *S. Gewirtz*

Effi Netzer
Arr: Vel Pasternak

Had-li-ku ōr ba-r'-chō-vōt v'-shir zam-ru ba-ir ma--char al pné kol ha-tik-vōt yaf-tsi-a yōm ba-hir mi-shō-va-chim yag--bi-ha az ri-bō yō-né la-van v'-she-mesh n'-ki-ya mi-paz tik--ra mi-tōch a-nan sha-lōm sha-lōm sha--lōm al Yis-ra-él im-ru im-ru shi-ré ha-lél sha-

G
C
-lōm al Yis-ra - él sha-
lōm al Yis-ra - él
-lōm al Yis-ra - él
lōm al Yis-ra - él

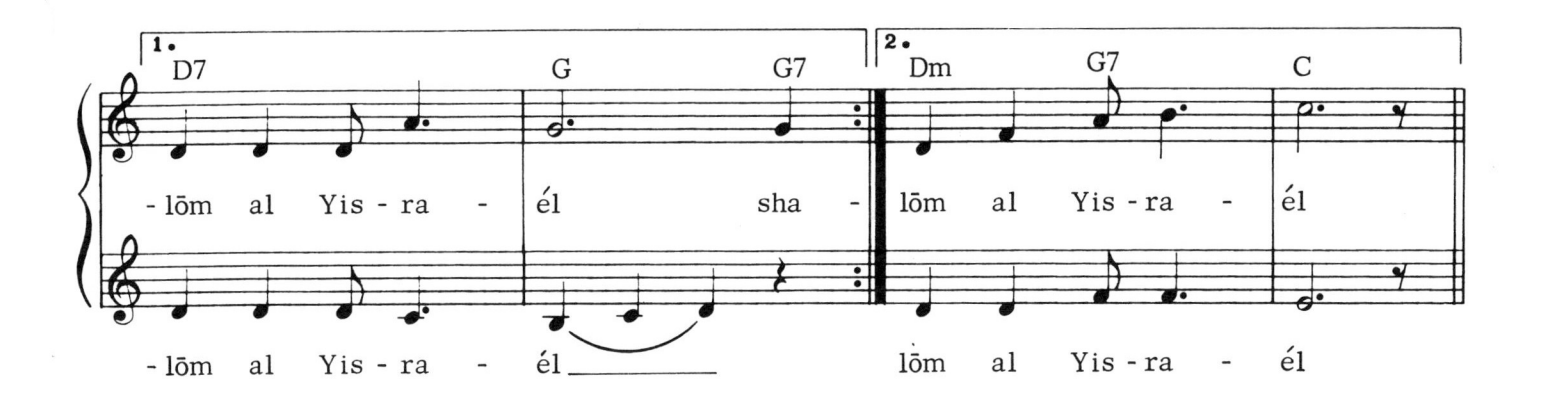

Come light your torches in the streets
And sing from far and near.
Just keep that spark of peace alive
And soon my friend you'll hear,
Then from each mountain in the land
We'll see a bright new sun,
A better day will shine for us.
Shalom for everyone.

א. הַדְלִיקוּ אוֹר בָּרְחוֹבוֹת
וְשִׁיר זַמְּרוּ בָּעִיר
מָחָר עַל פְּנֵי כָּל הַתִּקְווֹת
יַפְצִיעַ יוֹם בָּהִיר
מִשְּׁבָכִים יַגְבִּיהַ אָז
רִבּוֹא יוֹנֵי־לָבָן
וְשֶׁמֶשׁ נְקִיָּה מִפָּז
תִּקְרָא מִתּוֹךְ עָנָן

ב. אִם לְמָחָר שָׁלוֹם יָבוֹא
עַד תַּמּוּ הַדּוֹרוֹת
מִן הָרָמָה עַד הַר נְבוֹ
הַצִּיתוּ מְדוּרוֹת
אָז הַר לְהַר שָׁלוֹם יֹאמַר
וְאוֹר גָּדוֹל יָהֵל
כְּשֶׁיּוֹם חָדָשׁ יִזְרַח מָחָר
עַל כָּל בֵּית יִשְׂרָאֵל ......

פזמון שָׁלוֹם שָׁלוֹם שָׁלוֹם עַל יִשְׂרָאֵל
אִמְרוּ אִמְרוּ שִׁירֵי הַלֵּל
שָׁלוֹם עַל יִשְׂרָאֵל

© by the Authors - ALL RIGHTS RESERVED

TÉN SHABAT

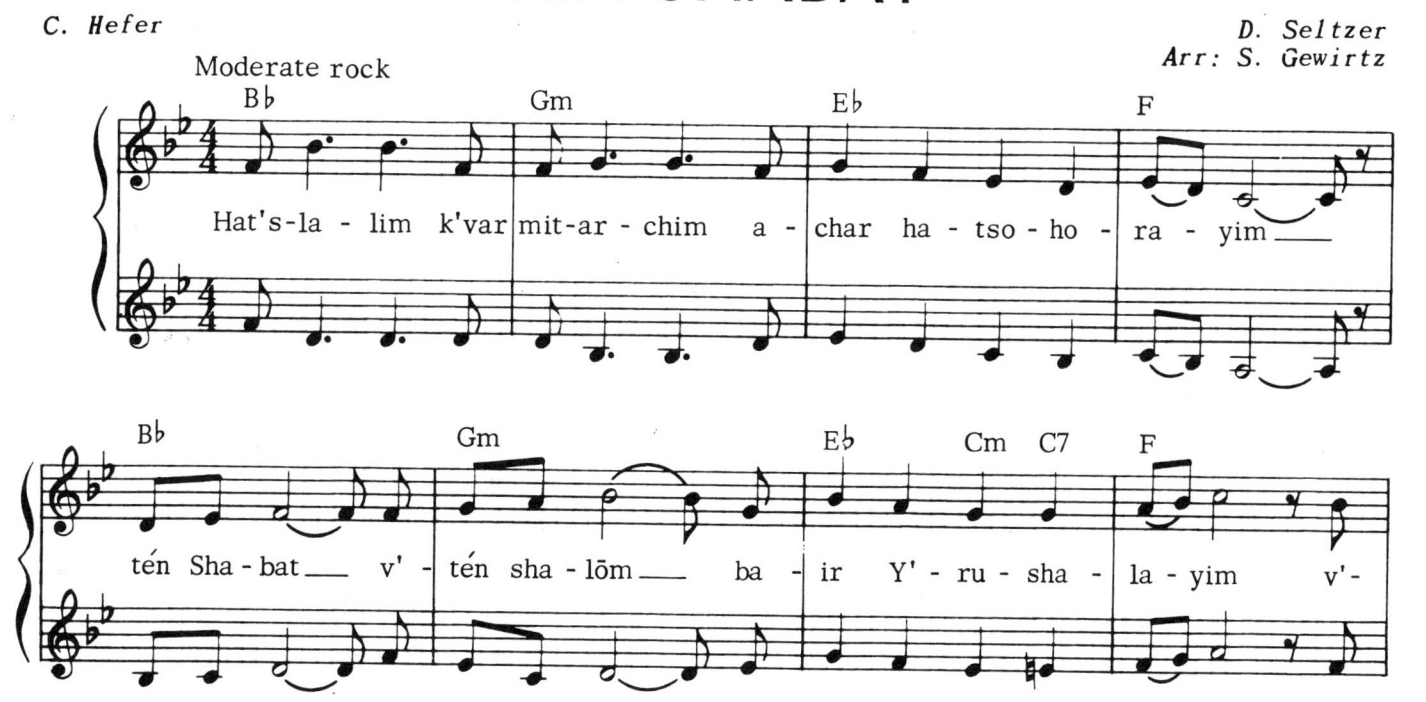

C. Hefer

D. Seltzer
Arr: S. Gewirtz

Moderate rock
B♭
E♭
Hat's-la - lim k'var mit-ar - chim a - char ha - tso - ho - ra - yim
B♭
E♭
tén Sha - bat v' - tén sha - lōm ba - ir Y' - ru - sha - la - yim v'-

-tén la - nu sh' - at mal - chut ka - zōt shel bén ar - ba - yim
tén Sha - bat v' - tén sha - lōm ba - ir Y' - ru - sha - la - -
- yim Tén sha - bat v' - tén sha - lōm ba - ir Y' - ru - sha - la-yim
tén sha - bat v' - tén sha - lōm ba - ir Y' - ru - sha - la - yim

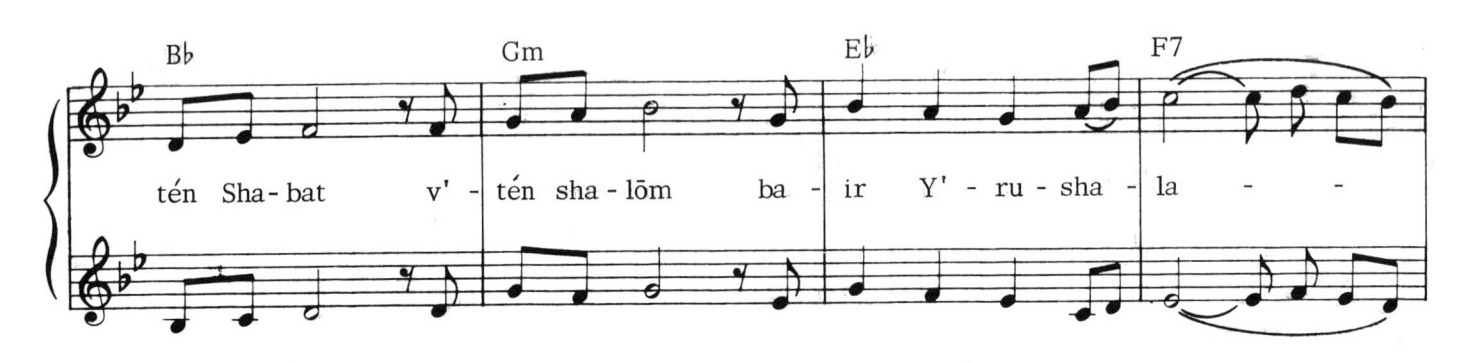

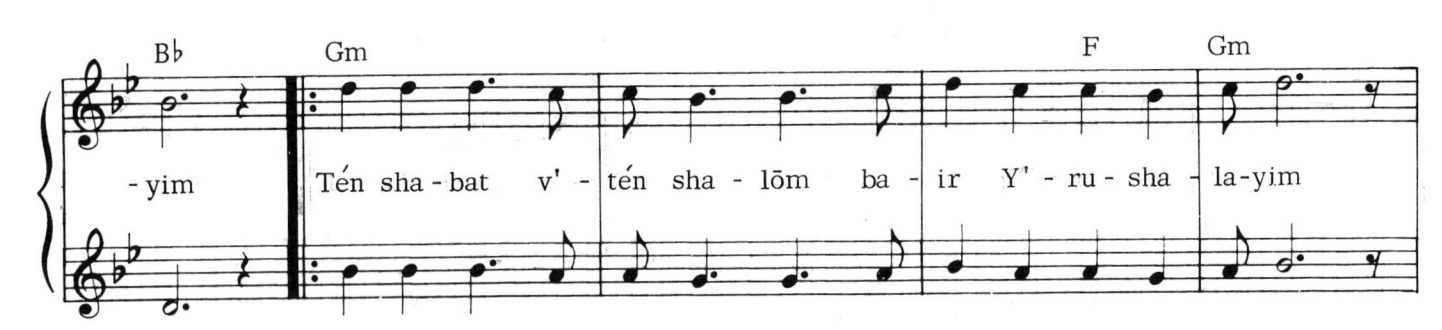

The afternoon shadows have grown longer. Behold peace descends on the approaching Sabbath. Grant Sabbath rest and peace in Jerusalem.

א. הַצְּלָלִים כְּבָר מִתְאַרְכִים אַחַר הַצָּהֳרַיִם
תֵּן שַׁבָּת וְתֵן שָׁלוֹם בָּעִיר יְרוּשָׁלַיִם
וְתֵן לָנוּ שְׁעַת מַלְכוּת כָּזֹאת שֶׁל בֵּין עַרְבַּיִם
תֵּן שָׁלוֹם וְתֵן שַׁבָּת בָּעִיר יְרוּשָׁלַיִם

פזמון
תֵּן שַׁבָּת וְתֵן שָׁלוֹם
בָּעִיר יְרוּשָׁלַיִם
וְתֵן שָׁלוֹם וְתֵן שַׁבָּת
בָּעִיר יְרוּשָׁלַיִם

ב. הִנֵּה בָּאָה הַשַּׁבָּת עִם סוֹמֶק הַשָּׁמַיִם
תֵּן שַׁבָּת וְתֵן שָׁלוֹם בָּעִיר יְרוּשָׁלַיִם
הִנֵּה שָׁלוֹם יוֹרֵד עָלַי יוֹרֵד בִּצְחוֹר כְּנָפַיִם
תֵּן שָׁלוֹם וְתֵן שַׁבָּת בָּעִיר יְרוּשָׁלַיִם...

ג. כָּל הַמִּגְדָּלִים כֻּלָּם מִשְׁתַּחֲוִים אַפַּיִם
תֵּן שַׁבָּת וְתֵן שָׁלוֹם בְּעִיר יְרוּשָׁלַיִם
אוֹר גָּדוֹל הִנֵּה נִדְלַק בְּאִשׁוֹנֵי עֵינַיִם
תֵּן שָׁלוֹם וְתֵן שַׁבָּת בָּעִיר יְרוּשָׁלַיִם...

© 1971 by April Music Ltd., Tel Aviv, Israel
U.S.A. rights controlled by April Music Inc.

LAMNATSÉ'ACH

Psalm 66:1   121:4
       68:2

Dov Seltzer
Arr: V. Pasternak

Vigorously

Refrain

La - m'-na-tsé-ach shir mi-z'-mōr ha-ri-u La-dō-nai kol ha-a-rets

Melody

last time to Coda

la-m'-na-tsé-ach shir mi-z'-mōr ha-ri-u La-dō-nai kol ha-a-

-rets

1. ya - kum A - dō - nai ya - fu - tsu oy-
2. hi - né lō ya - num v' - lō lō yi -

2nd time D.C. al Refrain

-vav v'-ya-nu-su mi-san-av mi-pa-nav
-shan shō - mér yis-ra-él yis-ra-él

CODA

kol ha - a - rets kol ha - a - rets kol ha - a - rets

65

Shout unto God all the earth; let God arise, let his enemies be scattered; Behold the Guardian of Israel neither slumbers nor sleeps.

א. לַמְנַצֵּחַ שִׁיר מִזְמוֹר
הָרִיעוּ לַה׳ כָּל הָאָרֶץ
יָקוּם ה׳ יָפוּצוּ אוֹיְבָיו
וְיָנוּסוּ מְשַׂנְאָיו מִפָּנָיו
לַמְנַצֵּחַ.........

ב. לֹא יָנוּם וְלֹא יִישָׁן
שׁוֹמֵר יִשְׂרָאֵל יִשְׂרָאֵל
לַמְנַצֵּחַ.........

© 1967 by April Music Ltd., Tel Aviv, Israel
U.S.A. rights controlled by April Music Inc.

OMDOT

Melitzer Nigun
Arr: S. Silbermintz

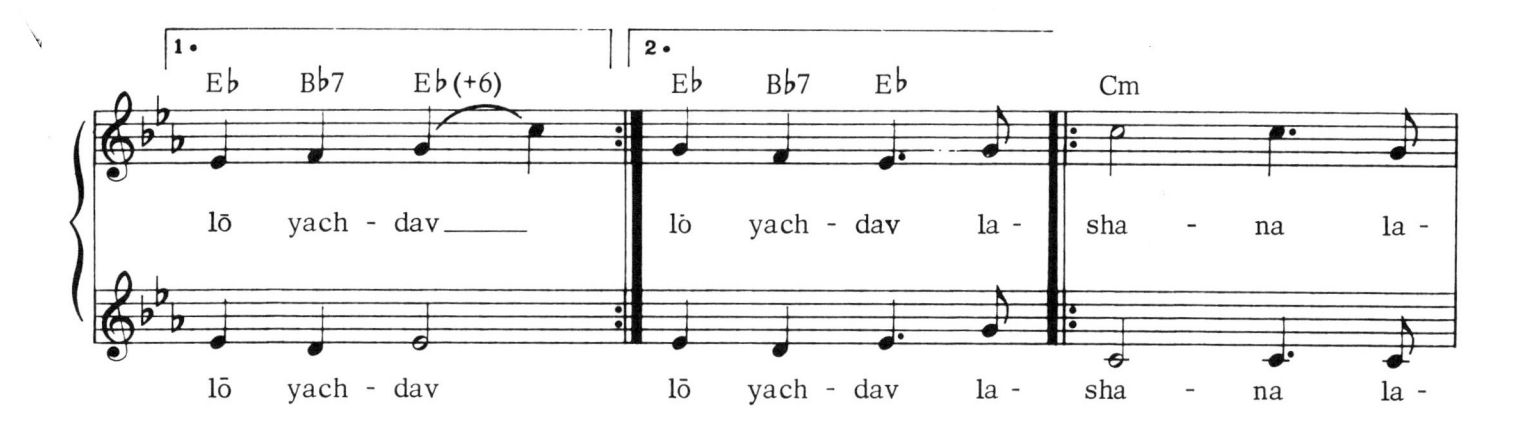

Our feet stood within thy gates, O Jerusalem — Jerusalem that is rebuilt like a city that is compact altogether. Next year in Jerusalem.

עוֹמְדוֹת הָיוּ רַגְלֵינוּ בִּשְׁעָרַיִךְ יְרוּשָׁלָיִם

יְרוּשָׁלַיִם הַבְּנוּיָה כְּעִיר שֶׁחֻבְּרָה-לָּהּ יַחְדָּו

לַשָּׁנָה הַבָּאָה בִּירוּשָׁלַיִם הַבְּנוּיָה

LACH Y'RUSHALAYIM

E. Rubinstein

A. Etinger *Arr: S. Gewirtz*

Lach y' - ru - sha - la - yim bén chō -
Lach y' - ru - sha - la - yim bén chō -
- mōt ha - ir lach y' - ru - sha - la - yim
- mōt ha - ir lach y' - ru - sha - la -
ōr cha - dash ya - ir b' - li -
- yim ōr cha - dash ya - ir b' - li -
- bé - nu b' - li - bé - nu rak shir e - chad ka - yam
- bé - nu b' - li - bé - nu rak shir e - chad ka - yam
lach y' - ru - sha - la - yim bén yar -
lach y' - ru - sha - la - yim bén yar -

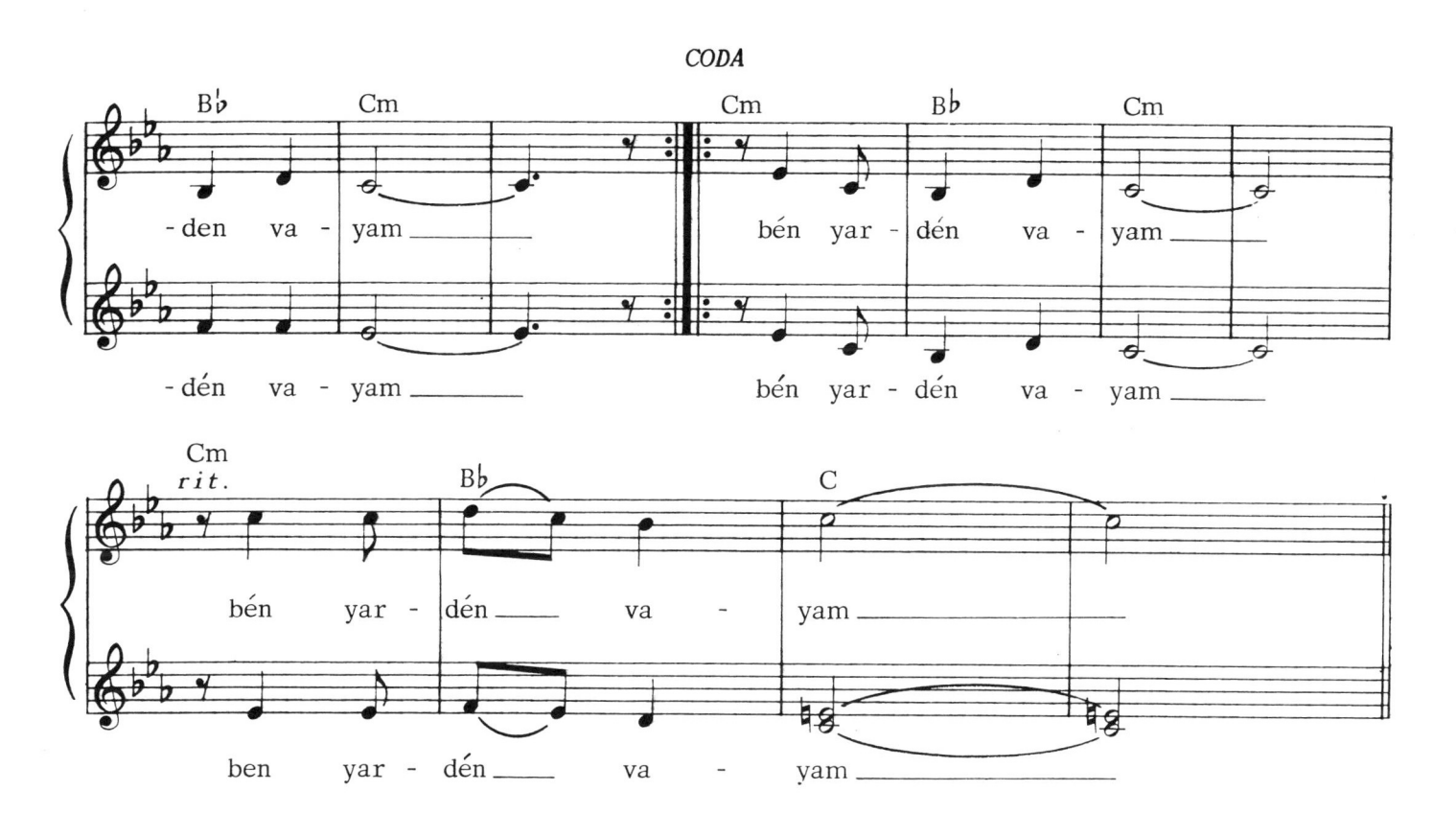

For you, O Jerusalem, fortress of David, let a new light shine. In our hearts there exists but one song, a song dedicated to you.

א. לָךְ יְרוּשָׁלַיִם בֵּין חוֹמוֹת הָעִיר
לָךְ יְרוּשָׁלַיִם אוֹר חָדָשׁ יָאִיר

פזמון
בְּלִבֵּנוּ רַק שִׁיר אֶחָד קַיָּם
לָךְ יְרוּשָׁלַיִם בֵּין יַרְדֵּן וָיָם

ב. לָךְ יְרוּשָׁלַיִם לָךְ קְדוּמִים וָהוֹד
לָךְ יְרוּשָׁלַיִם לָךְ רָזִים וָסוֹד...

ג. לָךְ יְרוּשָׁלַיִם שִׁיר נִשָּׂא תָּמִיד
לָךְ יְרוּשָׁלַיִם עִיר מִגְדַּל דָּוִד

© Edition "PAAMONIM" - ALL RIGHTS RESERVED

UVA'IR Y'RUSHALAYIM

Yehuda Halevi

Arr: S. Silbermintz

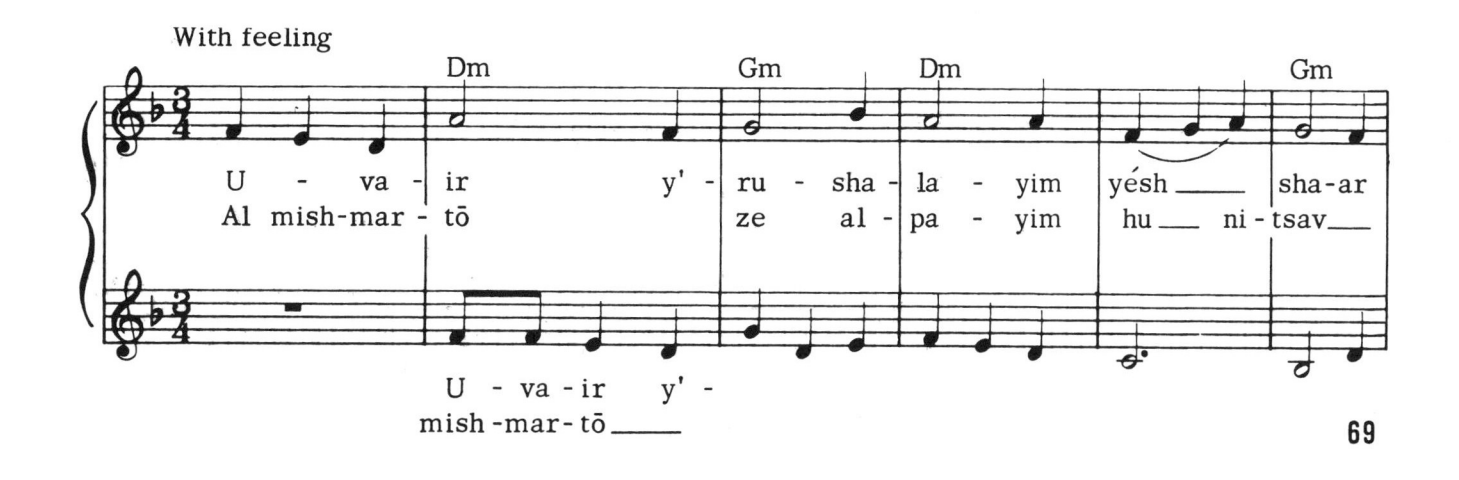

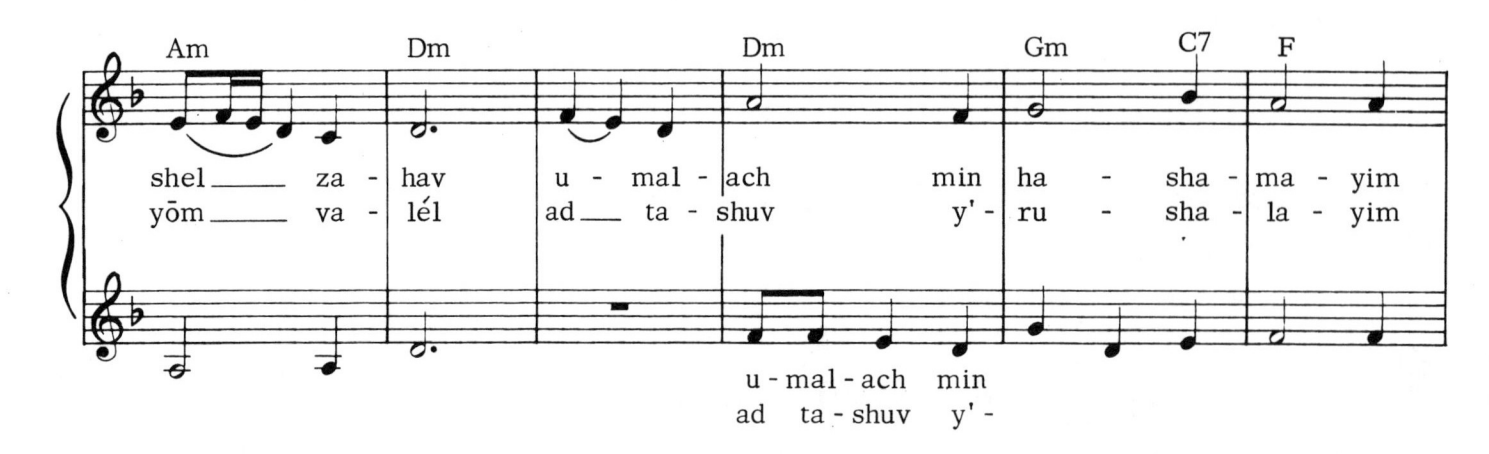

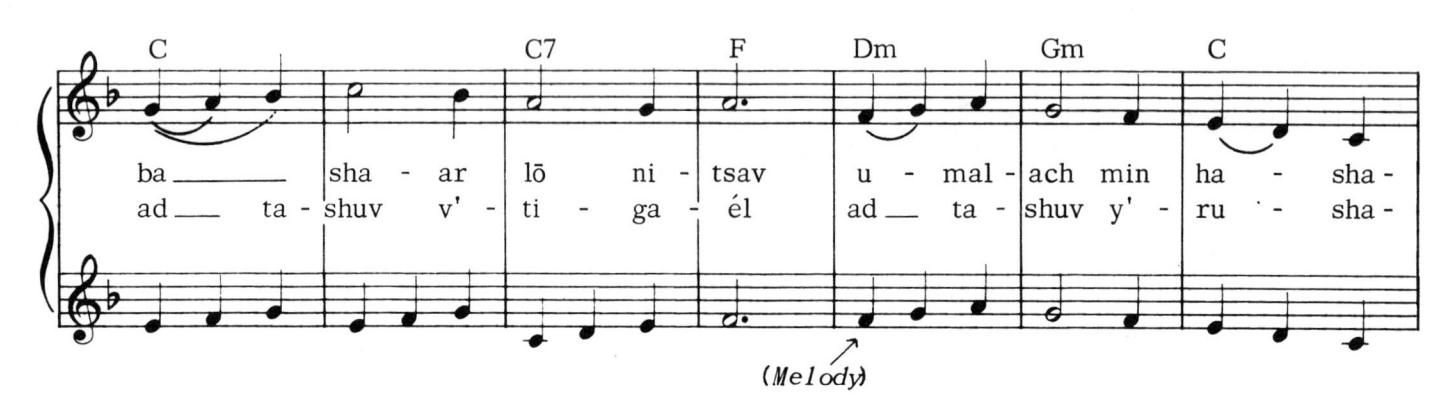

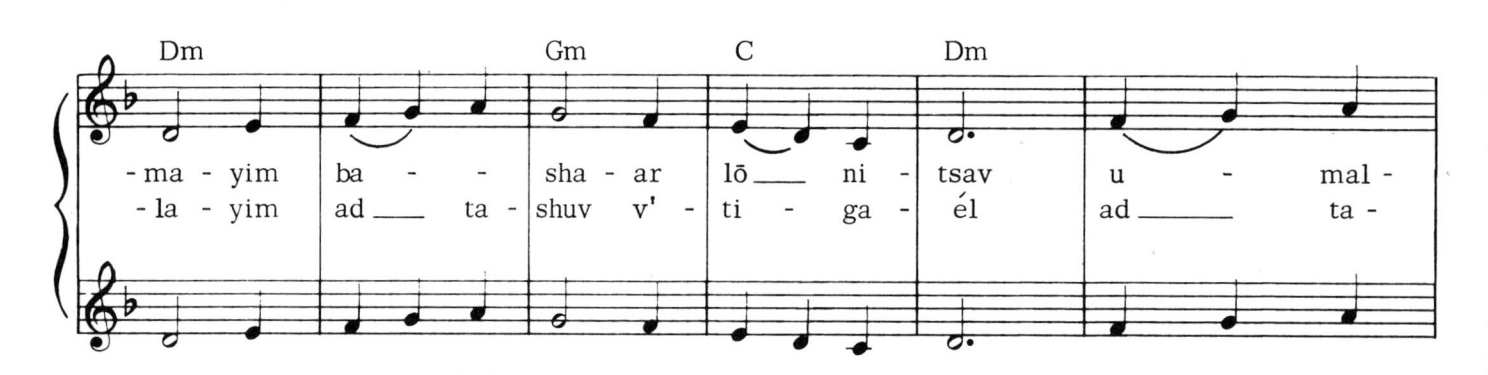

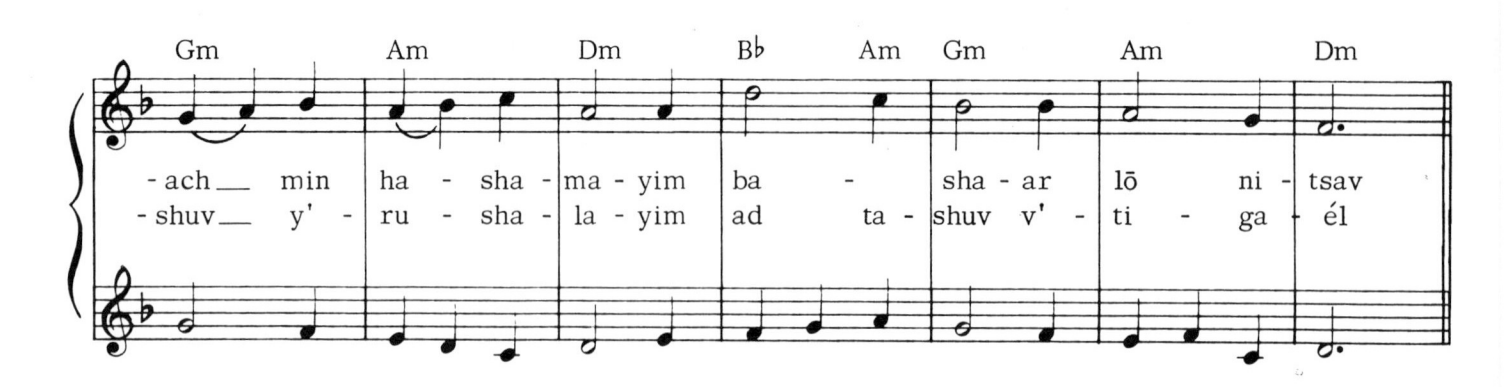

In the city of Jerusalem stands a golden gate guarded by an angel. Thus has he stood day and night for two thousand years. Thus shall he stand until the city is once again ours.

א. וּבָעִיר יְרוּשָׁלַיִם יֵשׁ שַׁעַר שֶׁל זָהָב
וּמַלְאָךְ מִן הַשָּׁמַיִם בַּשַּׁעַר לוֹ נִצָּב

ב. עַל מִשְׁמַרְתּוֹ זֶה אַלְפַּיִם
הוּא נִצָּב יוֹם וָלֵיל
עַד תָּשׁוּב יְרוּשָׁלַיִם
עַד תָּשׁוּב וְתִגָּאֵל

AHAVAT HADASSAH

S. Shabazi

Yemenite Folk Tune
Arr: V. Pasternak

Lightly
A-ha-vat Ha-das-sah al l'-va-vi nik-sh'-ra
A-ha-vat Ha-das-sah al l'-va-vi nik-sh'-ra
a-ha-vat Ha-das-sah al l'-va-vi nik-sh'-ra
a-ha-vat Ha-das-sah al l'-va-vi nik-sh'-ra
va-a-ni b'-tōch gō-la p'-a-mai tsō-l'-lim
va-a-ni b'-tōch gō-la p'-a-mai tsō-l'-lim
va-a-ni b'-tōch gō-la p'-a-mai tsō-l'-lim
va-a-ni b'-tōch gō-la p'-a-mai tsō-l'-lim

The love of Zion is bound securely to my heart but alas I am in the diaspora.

אַהֲבַת הֲדַסָּה עַל לְבָבִי נִקְשָׁרָה
וַאֲנִי בְּתוֹךְ גּוֹלָה פְּעָמַי צוֹלְלִים

SHALOM SHUVCHA HAKOTEL

E. Indelman

Chaim Najman

We greet thee, O Western Wall, upon your return to the Jewish people. For a hundred generations every heart and soul has longed for your return. Now after all our tears you are once again ours.

שָׁלוֹם שׁוּבְךָ הַכֹּתֶל
כֹּתֶל מַעֲרָב
שָׁלוֹם שׁוּבְךָ אֵלֵינוּ
מִשִּׁלְטוֹן עֲרָב
שָׁלוֹם שׁוּבְךָ הַכֹּתֶל
בַּיְתָה יִשְׂרָאֵל
שׁוּבְךָ סִימָן הוּא לָנוּ
לְבִיאַת גּוֹאֵל
מֵאָה דוֹרוֹת הָיִיתָ
בְּשִׁבְיַת אוֹיֵב
הָמְתָה לְךָ כָּל נֶפֶשׁ
הָמָה לְךָ כָּל לֵב
מֵאָה דוֹרוֹת הָיִיתָ
עַד לְיָם דְּמָעוֹת
עַתָּה – לִגְבוּרוֹתֵינוּ
עֵד וּלְנִפְלָאוֹת

SISU ET Y'RUSHALAYIM

Isaiah

A. Nof
Arr: V. Pasternak

kol ha-yōm v'-chol ha-lai-la al chō-mō-ta-yich ir Da-vid hif-

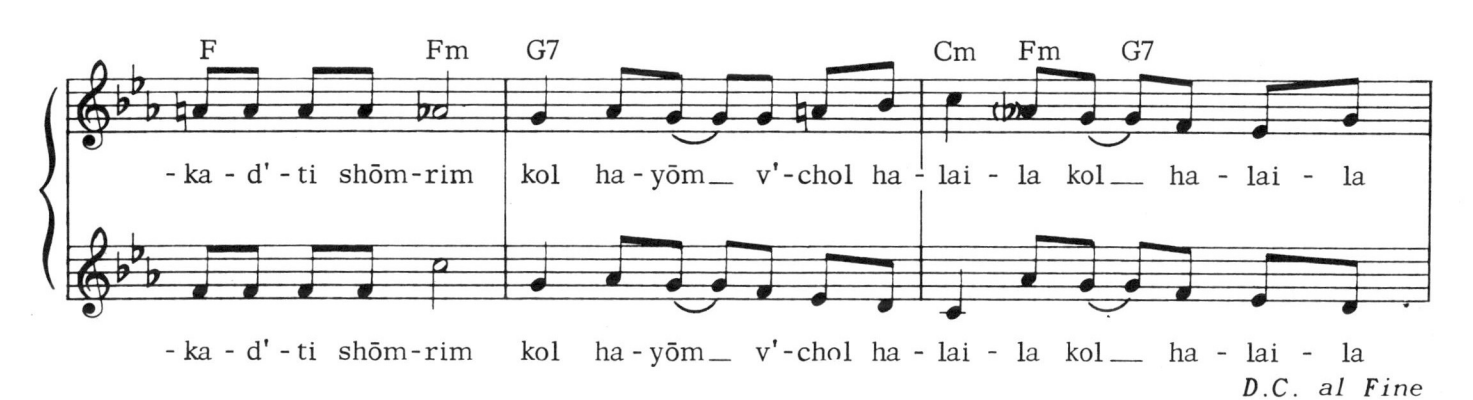

-ka-d'-ti shōm-rim kol ha-yōm v'-chol ha-lai-la kol ha-lai-la

D.C. al Fine

Rejoice with Jerusalem all you who love her. I have set watchmen upon thy walls O, Jerusalem. They shall never hold their peace, day or night.

א. שִׂישׂוּ אֶת יְרוּשָׁלַיִם גִּילוּ בָה
גִּילוּ בָה כָּל אוֹהֲבֶיהָ כָּל אוֹהֲבֶיהָ

ב. עַל חוֹמוֹתַיִךְ עִיר דָּוִד הִפְקַדְתִּי שׁוֹמְרִים
כָּל הַיּוֹם וְכָל הַלַּיְלָה... (שִׂישׂוּ).

ג. אַל תִּירָא וְאַל תֵּחַת עַבְדִּי יַעֲקֹב
כִּי יָפוּצוּ מְשַׂנְאֶיךָ מִפָּנֶיךָ...(שִׂישׂוּ)...

ד. שְׂאִי סָבִיב עֵינַיִךְ וּרְאִי כֻלָּם
נִקְבְּצוּ וּבָאוּ לָךְ...(שִׂישׂוּ...)

ה. וְעַמֵּךְ עַמֵּךְ כֻּלָּם צַדִּיקִים
לְעוֹלָם יִירְשׁוּ אָרֶץ ...(שִׂישׂוּ)...

© by the Author - ALL RIGHTS RESERVED

Y'RUSHALAYIM

A. Hameiri
Arr: R. Neumann

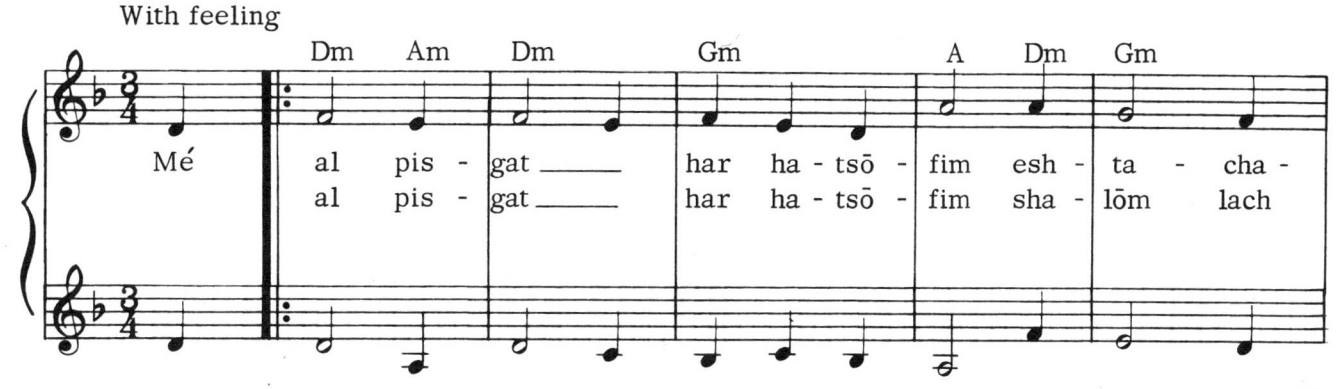

With feeling

Mé al pis-gat har ha-tsō-fim esh-ta-cha-
al pis-gat har ha-tsō-fim sha-lōm lach

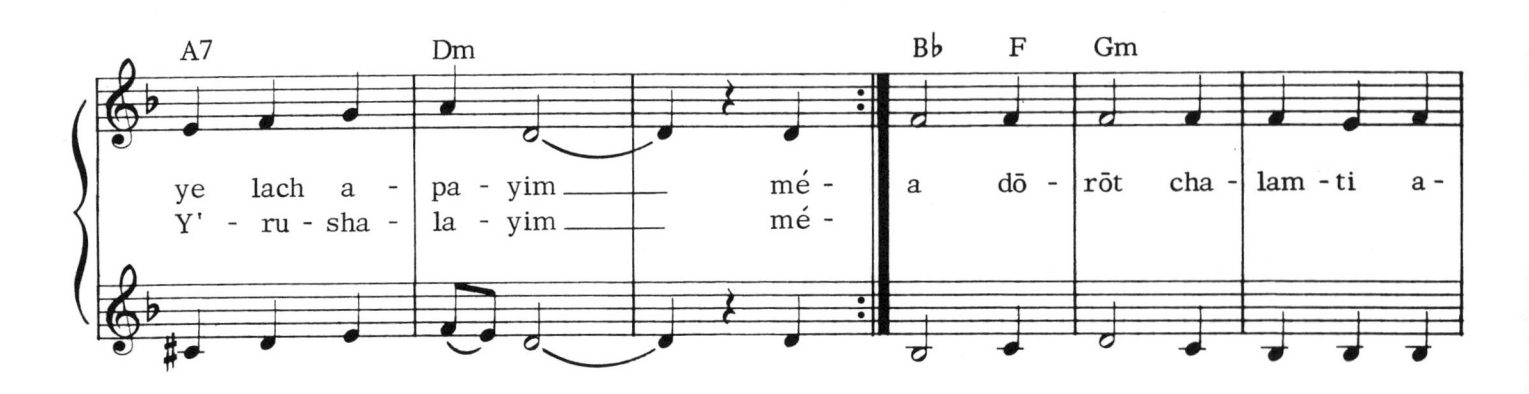

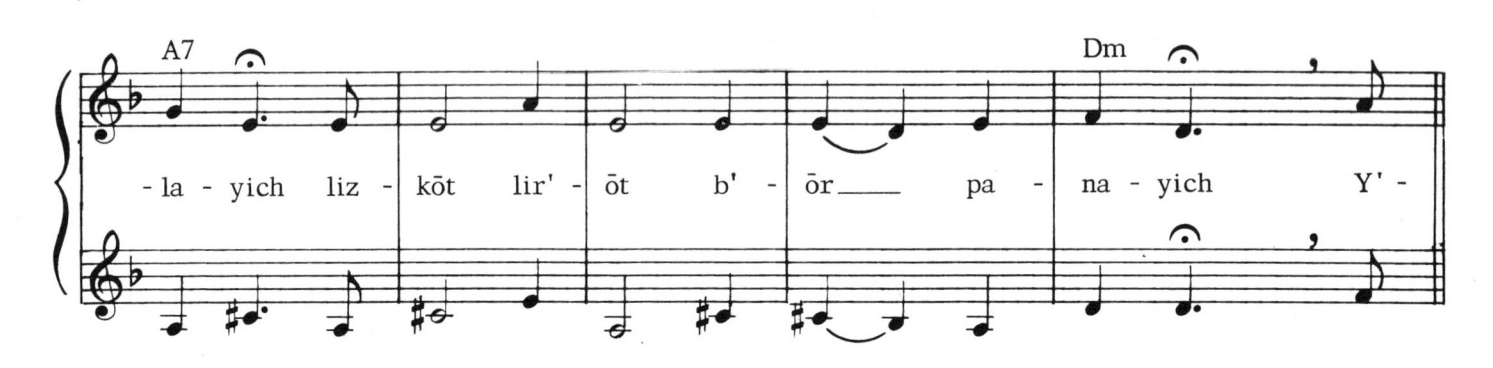

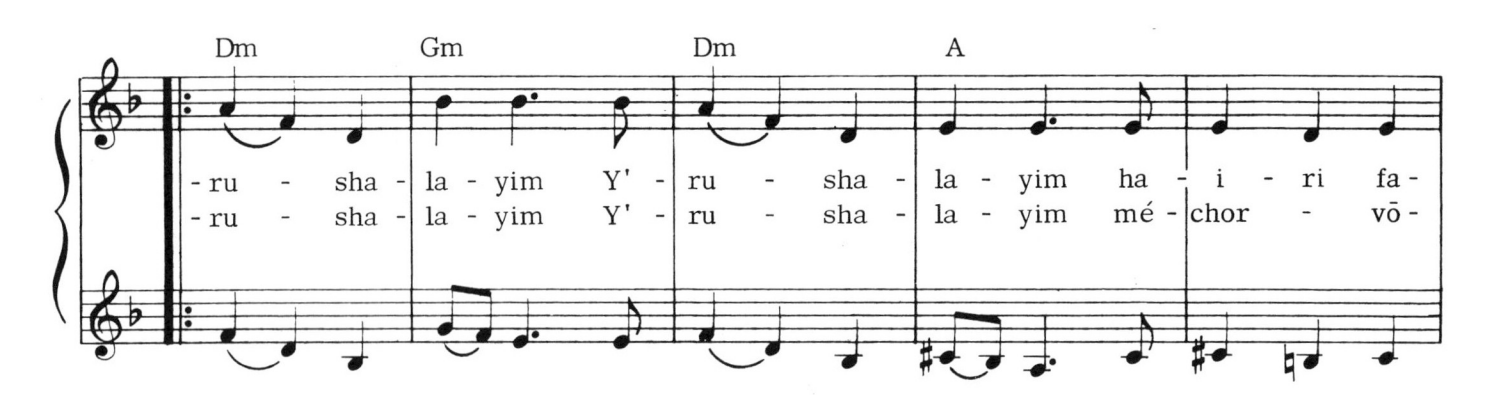

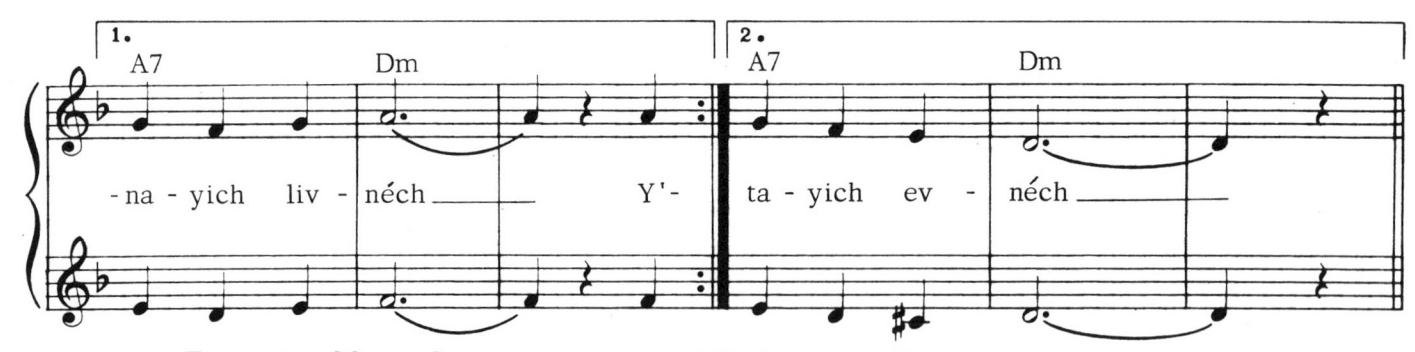

From atop Mount Scopus we greet you, O Jerusalem. For a hundred generations we dreamed of your beauty. Jerusalem, we shall once again rebuild you.

מֵעַל פִּסְגַּת הַר הַצּוֹפִים
אֶשְׁתַּחֲוֶה לָךְ אַפַּיִם
מֵעַל פִּסְגַּת הַר הַצּוֹפִים
שָׁלוֹם לָךְ יְרוּשָׁלַיִם!
מֵאָה דוֹרוֹת חָלַמְתִּי עָלַיִךְ
לִזְכּוֹת לִרְאוֹת בְּאוֹר פָּנַיִךְ
יְרוּשָׁלַיִם יְרוּשָׁלַיִם
הָאִירִי פָּנַיִךְ לִבְנֵךְ
יְרוּשָׁלַיִם יְרוּשָׁלַיִם
מֵחָרְבוֹתַיִךְ אֶבְנֵךְ

HINÉ LO YANUM

May be sung as unison melody or 2-part song, with chords; or as 2-part Round

S. Silbermintz

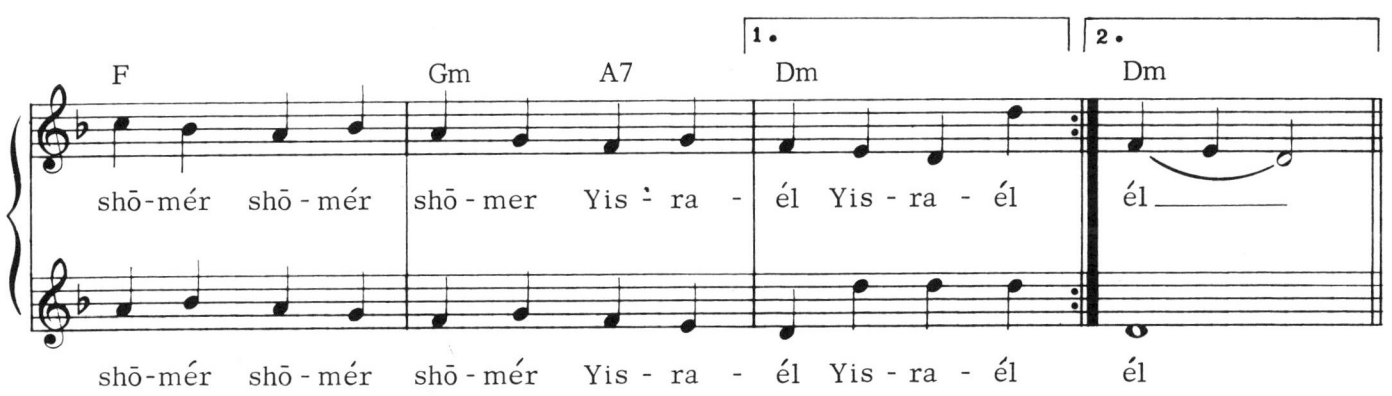

Hi-né lō ya-num v' - lō yi-shan hi - né lō ya - num v' -
lō yi - shan hi - né lō ya - num v' - lō yi - shan shō-mér Yis - ra -
-él shō - mér Yis - ra - él shō - mér
-él shō - mér Yis - ra - él shō - mér sho - mér
shō-mér shō - mér shō - mer Yis - ra - él Yis - ra - él él
shō-mér shō - mér shō - mér Yis - ra - él Yis - ra - él él

Behold the Guardian of Israel neither slumbers nor sleeps.

הִנֵּה לֹא יָנוּם וְלֹא יִישָׁן
שׁוֹמֵר יִשְׂרָאֵל יִשְׂרָאֵל

© by the Author - ALL RIGHTS RESERVED

HANA'AVA BABANOT

A. Neeman
Arr: R. Neumann

Moderately

Ha-na-a-va ba-ba-nōt a-na ha-i-ri fa-na-yich é-lai ha-i-ri fa-na-yich é-lai

1. ha-i-ri fa-na-yich é-lai
2. bō dō-di ki ya-fi-ta af na-am-ta li m'-ōd shlach yad-cha v'-chab-ké-ni am-tsé-ni ōd va-ōd

Fairest among maidens, let your eyes shine upon me. Come, beloved, reach out your arms to embrace me again and again.

הַנָּאוָה בַּבָּנוֹת
אָנָּא הָאִירִי פָּנַיִךְ אֵלַי
בּוֹא דוֹדִי כִּי יָפִיתָ
אַף נָעַמְתָּ לִי מְאֹד
שְׁלַח יָדְךָ וְחַבְּקֵנִי
אַמְּצֵנִי עוֹד וָעוֹד

© Edition "NEGEN" - ALL RIGHTS RESERVED

MA NAVU

Isaiah 52:7

M. Horowitz-Bostoner Rebbi
Arr: V. Pasternak

Slowly with feeling

How beautiful are upon the mountains the feet of the messengers of good tidings that publish peace, happiness and salvation.

מַה נָּאווּ עַל הֶהָרִים
רַגְלֵי מְבַשֵּׂר מַשְׁמִיעַ שָׁלוֹם
מְבַשֵּׂר טוֹב מַשְׁמִיעַ יְשׁוּעָה

KI MITSIYON

E. Amiran
Arr. by: R. Neumann

Liturgy

With vigor

Ki mi-tsi-yōn hoy té-tsé tō-ra ki mi-tsi-yōn hoy té-tsé tō-ra ud'-var a-dō-nai ud'-var a-dō-nai ud'-var a-dō-nai mi-ru-sha-la-yim

ya-ha___ ya-ha___ tu-li lu-li lé___ tu-li lu-li lé___ tu-li lu-li lé hoy

hoy ho-ra ho-ra ho-ra ho-ra | ki mi-tsi-yōn

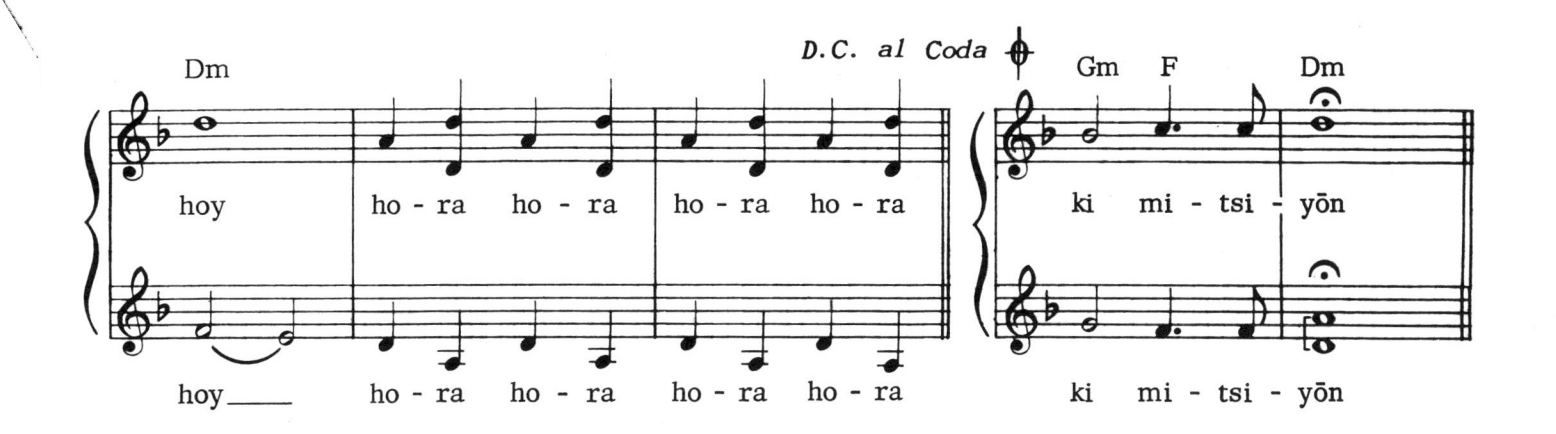

hoy___ ho-ra ho-ra ho-ra ho-ra | ki mi-tsi-yōn

Truly out of Zion shall come forth the Torah, and the word of the Lord out of Jerusalem.

כִּי מִצִיּוֹן תֵּצֵא תוֹרָה
וּדְבַר ה' מִירוּשָׁלָיִם

© 1948 by ICLP Ltd. Exclusive Publisher, Mills Music, Inc.

SACHKI

S. Tchernichovsky

T. Shlonsky
Arr: V. Pasternak

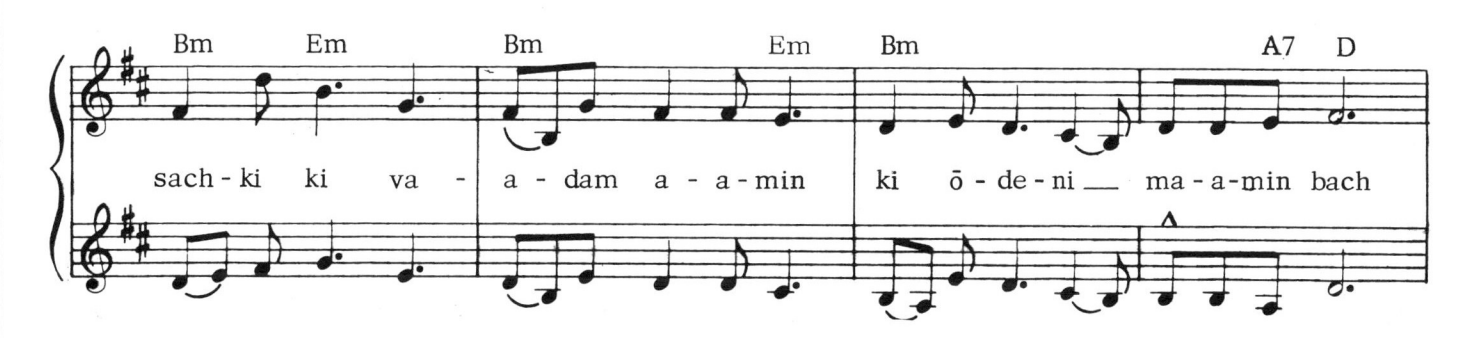

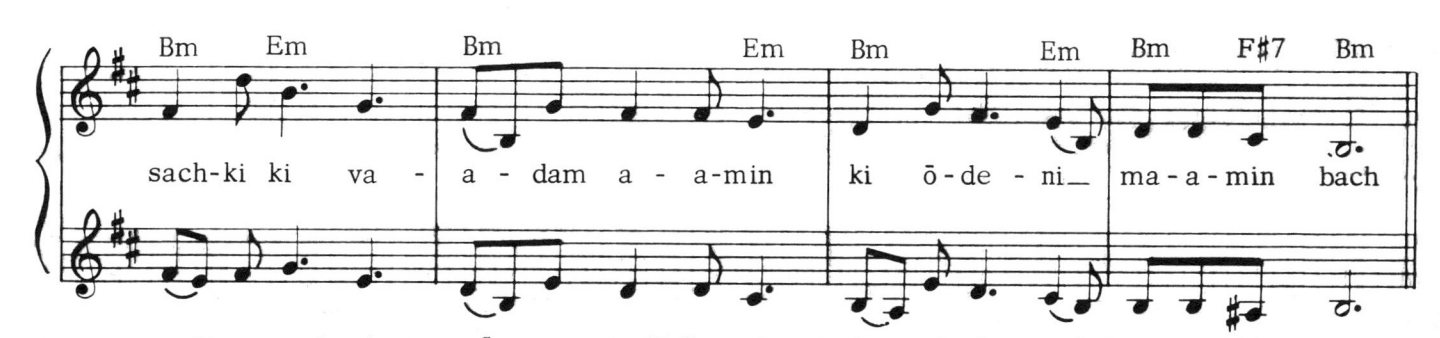

Dream-like

Sach-ki sach-ki al ha-cha-lō-mōt zu a-ni ha-chō-lém sach

sach-ki ki va-a-dam a-a-min ki ō-de-ni___ ma-a-min bach

sach-ki ki va-a-dam a-a-min ki ō-de-ni___ ma-a-min bach

You may laugh at my dreams, yet will I continue to dream, for in man do I put my faith.

א. שַׂחֲקִי שַׂחֲקִי עַל הַחֲלוֹמוֹת
זוּ אֲנִי הַחוֹלֵם שָׂח
שַׂחֲקִי כִּי בָאָדָם אַאֲמִין
כִּי עוֹדֶנִּי מַאֲמִין בָּךְ

ב. כִּי עוֹד נַפְשִׁי דְּרוֹר שׁוֹאֶפֶת
לֹא מְכַרְתִּיהָ לְעֵגֶל פָּז
כִּי עוֹד אַאֲמִין גַּם בָּאָדָם
גַּם בְּרוּחוֹ רוּחַ עָז

© by the Authors - ALL RIGHTS RESERVED

MALCHUT HACHERMON

Yoav Katz

Effi Netzer
Arr: R. Neumann

Lightly *Introduction*

Kol ha-mi-lim ha-smé-chōt par-tsu shuv k'-hō-ra sō-e-ret ti-pas-nu im kol ha-ru-chōt el pis-gat ha-Cher--mōn ha-zō-he-ret im sha-char ha-lai-la nim-lat tō--vé-a ha-é-mek ba-ōr da-me-sek ba-ō-fek niv-la-at gil-bō-a nō-shék la-ta-bōr lu ha-yit l'-ya-di lu at

Below Mt. Hermon spreads the Emek valley bathed in the morning light. If only you were at my side I would lift you on wings beyond the clouds to pluck stars from the heavens.

כָּל הַמִלִים הַשְּׂמֵחוֹת
פָּרְצוּ שׁוּב כְּהוֹרָה סוֹעֶרֶת
טִפַּסְנוּ עִם כָּל הָרוּחוֹת
אֶל פִּסְגַת הַחֶרְמוֹן הַזוֹהֶרֶת
עִם שַׁחַר הַלַיִל נִמְלָט
טוֹבֵעַ הָעֵמֶק בָּאוֹר
דַמֶשֶׂק בָּאוֹפֶק נִבְלַעַת
גִלְבֹּעַ נוֹשֵׁק לַתָּבוֹר
לוּ הָיִית לְיָדִי
לוּ אַתְּ כָּאן לוּ אַתְּ כָּאן
הָיִיתִי נוֹשְׂאֵךְ עַל כַּפַּיִם
מֵעַל עַרְפִילִים וְעָנָן
לִקְטוֹף כּוֹכָבִים בַּשָּׁמַיִם

NIVNE ARTSÉNU

A. Levinson

M. Bick
Arr: R. Neumann

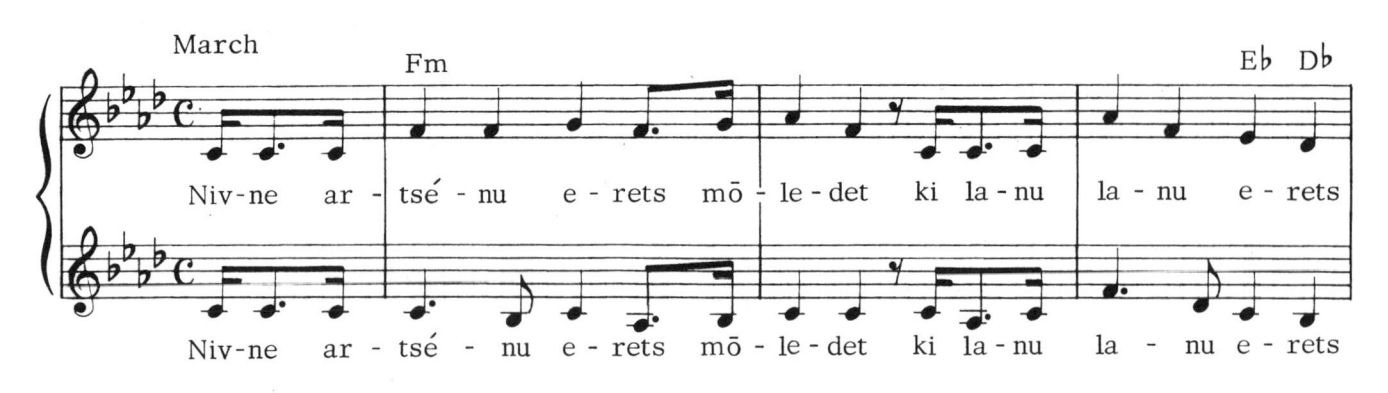

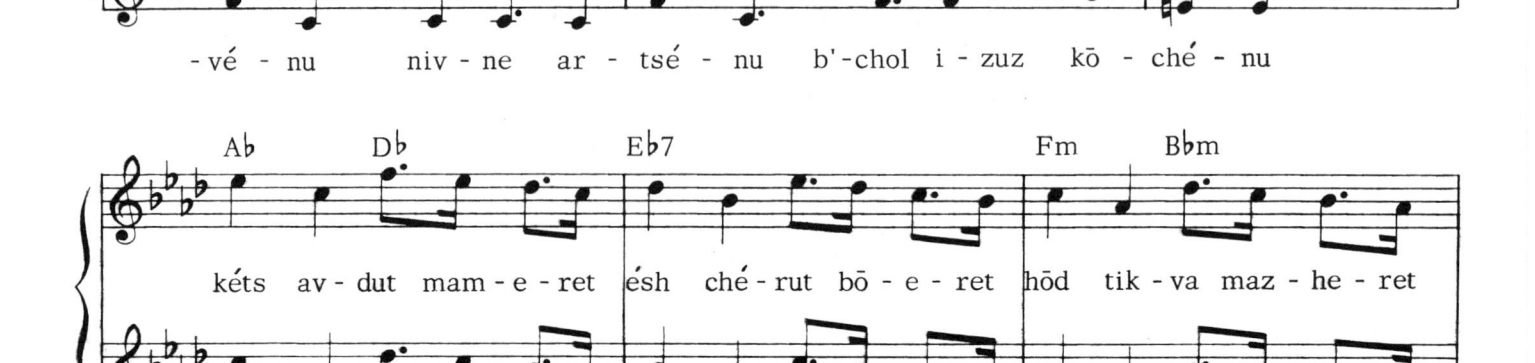

Niv-ne ar-tsé-nu e-rets mō-le-det ki la-nu la-nu e-rets zōt niv-ne ar-tsé-nu e-rets mō-le-det ze tsav da-mé-nu ze tsav ha-dō-rōt niv-ne ar-tsé-nu al af kol mach-ri-vé-nu niv-ne ar-tsé-nu b'-chol i-zuz kō-ché-nu kéts av-dut mam-e-ret ésh ché-rut bō-e-ret hōd tik-va maz-he-ret

D♭ Cm B♭m7 C C7
ba - nu yas - i - ru ha - dam tsmé-é ché - rut kō - m' - mi -
ba - nu yas - i - ru ha - dam tsmé-é ché - rut kō - m' - mi -
Fm Cm A♭ G7 C
-yut ni - tsad b' - ōz lik - rat shich - rur ha - am
-yut ni - tsad b' - ōz lik - rat shich - rur ha - am

We shall rebuild our homeland with all our being for it is our sacred obligation. We shall march with strength towards the complete liberation of our people.

נִבְנֶה אַרְצֵנוּ אֶרֶץ מוֹלֶדֶת
כִּי לָנוּ לָנוּ אֶרֶץ זֹאת
נִבְנֶה אַרְצֵנוּ אֶרֶץ מוֹלֶדֶת
זֶה צַו דָמֵנוּ זֶה צַו הַדּוֹרוֹת
נִבְנֶה אַרְצֵנוּ עַל אַף כָּל מַחֲרִיבֵינוּ
נִבְנֶה אַרְצֵנוּ בְּכָל עֱזוּז כּוֹחֵנוּ
קֵץ עַבְדוּת מַמְאֶרֶת
אֵשׁ חֵרוּת בּוֹעֶרֶת
הוֹד תִּקְוָה מַזְהֶרֶת
בָּנוּ יַסְעִירוּ הַדָּם
צִמְאֵי חֵרוּת קוֹמְמִיּוּת
נִבְעַד בְּעֹז לִקְרַאת שִׁחְרוּר הָעָם

© by the author. All rights reserved.

BASHANA HABA'A

E. Manor

Nurit Hirsh
Arr: V. Pasternak

Ba - sha - na ha - ba - a né - shév al ha - mir - pe - set v' - nis -
Ba-sha - na ha - ba - a ba - sha - na ha - ba - a
pōr tsi - po - rim nō-d' - dōt y' - la - dim b' - chuf - sha y' -
ba-sha - na ha - ba - a ba - sha - na ha - ba - a
- sa-cha - ku to - fe - set bén ha - ba - yit l' - vén ha - sa - dōt ōd tir-
ba - sha - na ha - ba - a ba - sha - na ha - ba - a ōd tir-
- e ōd tir - e ka - ma tōv yi - ye ba - sha - na ba - sha -
- e ōd tir - e ka - ma tōv yi-hi - ye ba - sha - na ba - sha -
- na ha - ba - a ōd tir-
- na ha - ba - a ōd tir-
na ha - ba - a
na ha - ba - a

Next year, when peace will come, we shall return to the simple pleasures of life so long denied us. You will see, you will see, O how good it will be — next year!

א. בַּשָּׁנָה הַבָּאָה נֵשֵׁב עַל הַמִּרְפֶּסֶת
וְנִסְפֹּר צִפֳּרִים נוֹדְדוֹת
יְלָדִים בְּחֻפְשָׁה יְשַׂחֲקוּ תּוֹפֶסֶת
בֵּין הַבַּיִת לְבֵין הַשָּׂדוֹת

פזמון עוֹד תִּרְאֶה עוֹד תִּרְאֶה
כַּמָּה טוֹב יִהְיֶה
בַּשָּׁנָה בַּשָּׁנָה הַבָּאָה

ב. עֲנָבִים אֲדֻמִּים יַבְשִׁילוּ עַד הָעֶרֶב
וְיוּגְשׁוּ צוֹנְנִים לַשֻּׁלְחָן
וְרוּחוֹת רְדוּמִים יִשְּׂאוּ אֶל אֵם הַדֶּרֶךְ
עִתּוֹנִים יְשָׁנִים וְעָנָן .....

ג. בַּשָּׁנָה הַבָּאָה נִפְרֹשׁ כַּפּוֹת יָדַיִם
מוּל הָאוֹר הַנִּגָּר הַלָּבָן
אֲנָפָה לְבָנָה תִּפְרֹשׂ בָּאוֹר כְּנָפַיִם
וְהַשֶּׁמֶשׁ תִּזְרַח בְּתוֹכָן ......

© 1970 by N. Hirsch and E. Manor
© 1970 by APRIL MUSIC Ltd. Tel Aviv
U.S.A. rights controlled by Blackwood Music Inc.

OSE SHALOM

N. Hirsh
Arr: R. Neumann

Dm
C

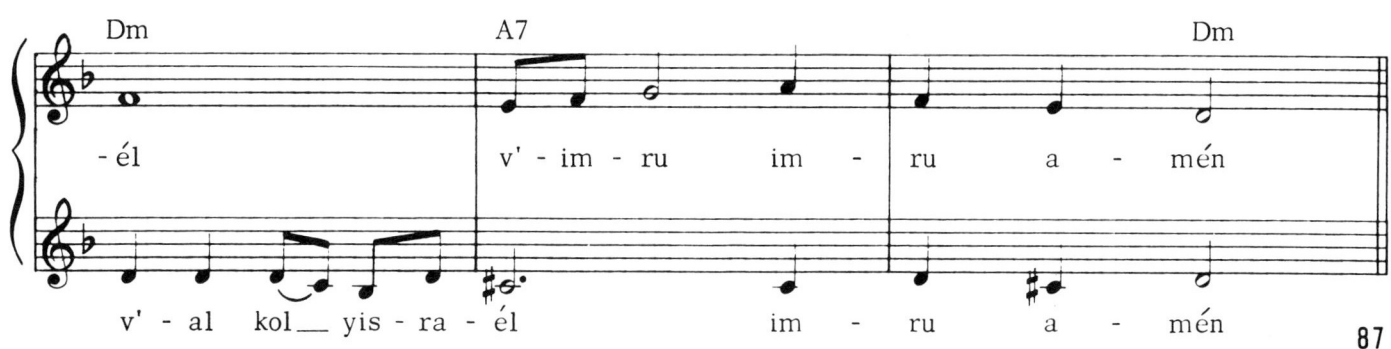

May he who maketh peace in the high places make peace for Israel and for all mankind and say Amen.

עֹשֶׂה שָׁלוֹם בִּמְרוֹמָיו
הוּא יַעֲשֶׂה שָׁלוֹם עָלֵינוּ
וְעַל כָּל יִשְׂרָאֵל וְאִמְרוּ אָמֵן

DUGIT

N. Yonatan

Folk Song
Arr: V. Pasternak

Dream-like

On the horizon a sail boat passes with all her sailors deep in slumber. If the sailors will not awaken, how will the boat reach the shore?

א. דוּגִית נוֹסַעַת מִפְרָשֶׂיהָ שְׁנַיִם
וּמַלָּחֶיהָ נִרְדְּמוּ כֻּלָּם
רוּחַ נוֹשֶׁבֶת עַל פְּנֵי הַמַּיִם
יֶלֶד פּוֹסֵעַ עַל הַחוֹף דוּמָם

ב. יֶלֶד פָּעוּט הוּא וַעֲגוּם עֵינַיִם
שׁוֹטְפִים הַמַּיִם לְמֶרְחָק אֵין סוֹף
אִם לֹא יֵעוֹרוּ כָּל מַלָּחֶיהָ
אֵיכָה תַּגִּיעַ הַדּוּגִית לַחוֹף

© by the Author - ALL RIGHTS RESERVED

B'ARVOT HANEGEV

R. Klatchkin
M. Baharav
Arr: R. Neumann

Lyrics:

B'-ar-vōt ha-ne-gev mit-nō-tsét ha-tal
b'-ar-vōt ha-ne-gev ish ma-gén na-fal
lō nō-shém ha-na-ar v'-na-dam ha-lév
et b'lō-rit ha-sha-ar ru-ach t'-la-téf
b'-ar-vōt ha-ne-gev hu la-chats ya-da
im tir-tsu chev-ra-ya én zu a-ga-da

A boy has fallen in the Negev. As his mother mourns her loss, a tall youth steps forward and offers himself as her son. In the desolate Negev he grasps her hand. "If you will it, friends, it is no legend."

א. בְּעַרְבוֹת הַנֶּגֶב מִתְנוֹצֵץ הַטַּל.
בְּעַרְבוֹת הַנֶּגֶב אִישׁ מָגֵן נָפַל.
לֹא נוֹשֵׁם הַנַּעַר וְנָדַם הַלֵּב
אֶת בְּלוֹרִית הַשֵּׂעָר רוּחַ תְּלַטֵּף.

ב. הֲלוּמַת עַצֶּבֶת וְיָגוֹן נוֹרָא.
אֵם זְקֵנָה נִצֶּבֶת וְנוֹשֵׂאת דְּבָרָהּ.
הַדִּמְעָה נִגֶּרֶת מֵעֵינֵי אִמְּךָ
בָּא כַּדּוּר עוֹפֶרֶת וַיְפַלַּח לִבְּךָ.

ג. אֶת בְּכוֹרִי שָׁכַלְתִּי בִּמְצוּלוֹת הַיָּם.
וְאוֹתְךָ גִּדַּלְתִּי לְמָגֵן הָעָם.
הֵם לֹא יְשַׁבְּרוּנוּ בְּיַתְמוּת וּשְׁכוֹל
הֵם לֹא יַעַקְרוּנוּ, בְּנִי לַמְרוֹת הַכֹּל.

ד. אָז צָעַד קָדִימָה, נַעַר גְּבַהּ־קוֹמָה
וַיֹּאמַר לָהּ, אִמָּא, אַל לָךְ בְּדִמְעָה.
בַּחוּרֵינוּ, אִמָּא, בִּימֵי פְּקוּדָה
מוּל שׂוֹנְאֵינוּ, אִמָּא, כְּחוֹמַת פְּלָדָה.

ה. מוּל שׁוֹדֵד וָמֶלֶךְ, צְמֵא־דָמִים אֶבְיוֹן
תְּנִינִי וְאֶהְיֶה לָךְ אָנֹכִי לְבֵן
בְּעַרְבוֹת הַנֶּגֶב הוּא לָחַץ יָדָהּ
אִם תִּרְצוּ חֶבְרַיָּא, אֵין זוֹ אַגָּדָה.

© Edition "NEGEN" - ALL RIGHTS RESERVED

LO NÉLÉCH MIPO

Arr: N. Levin

kol oy-vé-nu kol sōn-é-nu ku-lam yél-chu mi-
kol oy-vé-nu kol sōn-é-nu ku-lam yél-chu mi-
-pō va-a-nach-nu rak a-nach-nu lō lō
-pō va-a-nach-nu rak a-nach-nu lō lō lō lō lō lō lō lō
lō lō ne-léch lō né-léch mi-pō.
lō lō lō lō lō lō lō né-léch mi-pō lō né-léch mi-pō.

All our enemies shall leave this place. But we shall remain!

לֹא נֵלֵךְ מִפֹּה

כָּל אוֹיְבֵינוּ כָּל שׂוֹנְאֵינוּ

כֻּלָּם יֵלְכוּ מִפֹּה

אֲבָל אֲנַחְנוּ רַק אֲנַחְנוּ

לֹא נֵלֵךְ מִפֹּה

B'NÉ VÉTCHA

Liturgy

I. Fuchs
Arr: V. Pasternak

With joy

B' - né vét - cha k' - vat - chi - la k' - vat - chi - la v'-
B' - né vét - cha k' - vat - chi - la k' - vat - chi - la v'-
Am
-chō - nén mik - dash - cha al m'-chō - nō v' - har - é - nu b'-vin-ya-nō
-chō - nén mik - dash - cha al m'-chō - nō v' - har - é - nu b'-vin-ya-nō
v' - sam - ché - nu b' - ti - ku - nō v' - sam - ché - nu v' - sam - ché - nu
v' - sam - ché - nu b' - ti - ku - nō v' - sam - ché - nu v' - sam - ché - nu
b' - ti - ku - nō b' - ti - ku - nō a - ha a - ha a-
b' - ti - ku - nō b' - ti - ku - nō a - ha a - ha
-ha v' - har - é - nu b'-vin - ya - nō
-ha v' - har - é - nu b'-vin - ya-

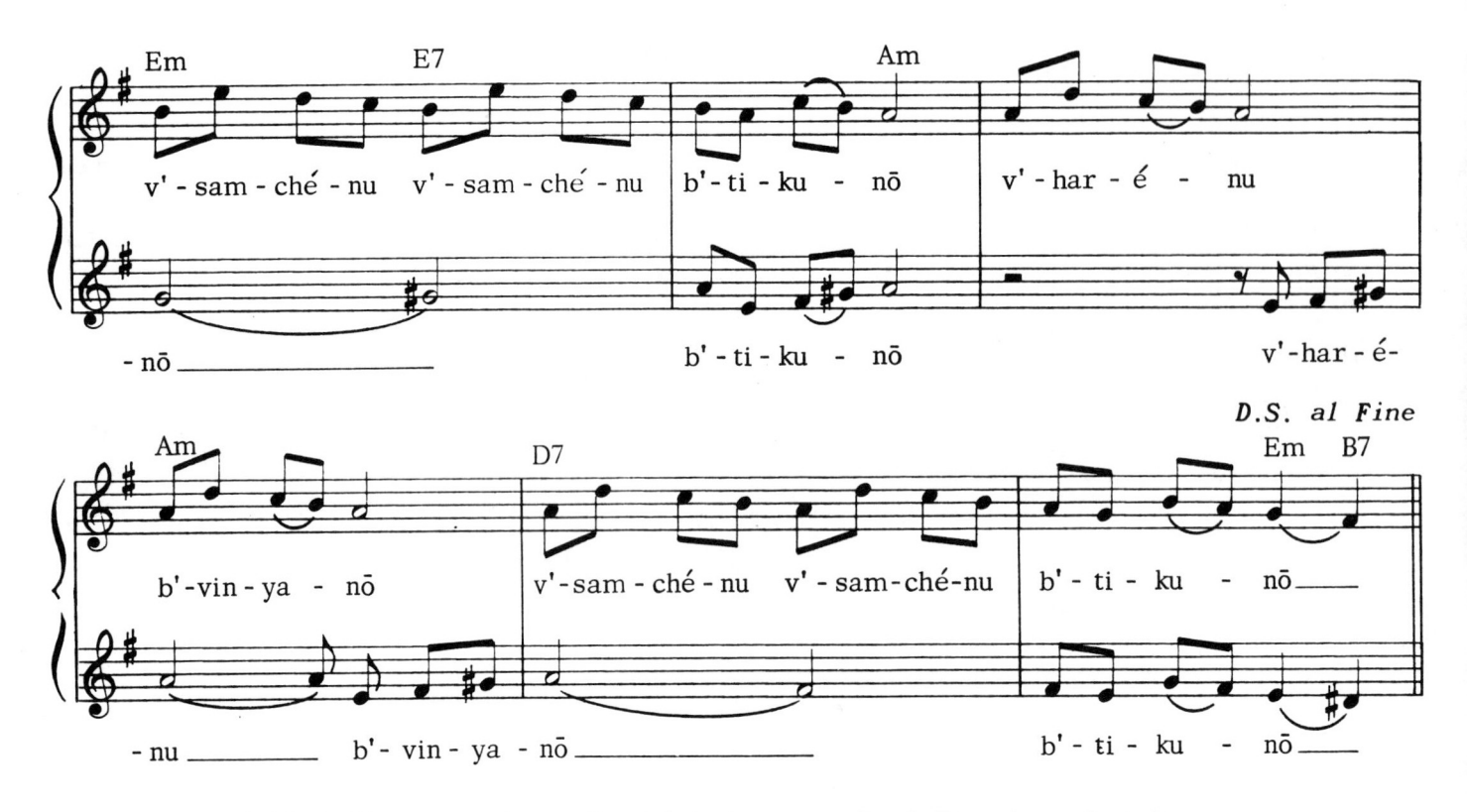

Rebuild the Temple as of yore. Grant that we may see it rebuilt on its ancient site.

בְּנֵה בֵיתְךָ כְּבַתְּחִלָּה
וְכוֹנֵן מִקְדָּשְׁךָ עַל מְכוֹנוֹ
וְהַרְאֵנוּ בְּבִנְיָנוֹ וְשַׂמְּחֵנוּ בְּתִקּוּנוֹ

© by the Author – ALL RIGHTS RESERVED

HA'IR B'AFOR

N. Shemer
Arr: V. Pasternak

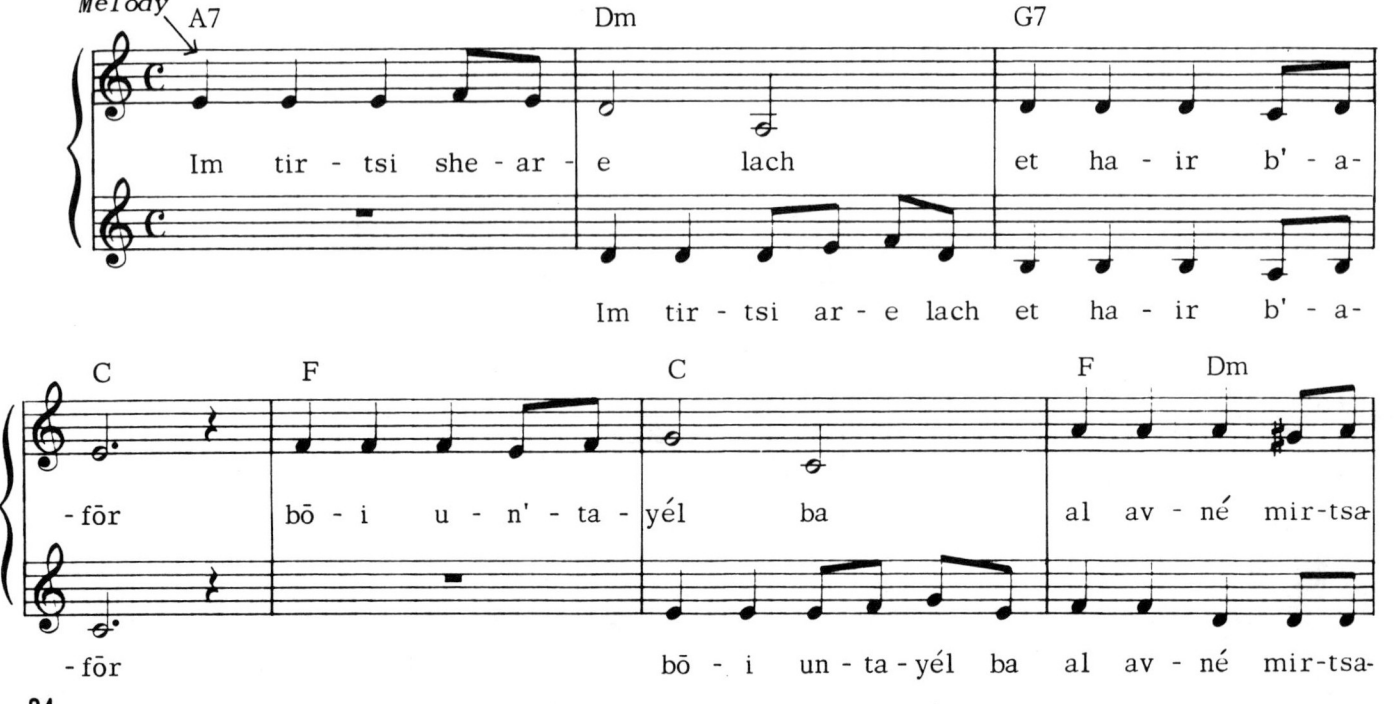

Come, we shall walk hand in hand down the cobblestone streets and I will show you the city in grey.

א. אִם תִּרְצִי שֶׁאַרְאֶה לָךְ אֶת הָעִיר בְּאָפֹר,
בּוֹאִי וּנְטַיֵּל בָּהּ עַל אַבְנֵי מִרְצָפוֹת
דֹּם נִשָּׂא אֶת עֵינֵינוּ לַיּוֹנִים שֶׁעָפוֹת
אִם תִּרְצִי שֶׁאַרְאֶה לָךְ אֶת הָעִיר בְּאָפֹר.

ב. אָז אֶתֵּן אֶת יָדִי לָךְ וְנֵרֵד לָרָצִיף
עֲרֵמוֹת שֶׁל שַׁלֶּכֶת שָׁם הָרוּחַ יָעִיף
אַתְּ וַדַּאי תְּכַסִּי לָךְ אֶת רֹאשֵׁךְ בְּצָעִיף
כְּשֶׁאֶתֵּן אֶת יָדִי לָךְ וְנֵרֵד לָרָצִיף.

ג. עַל סַפְסָל אָז נֵשֵׁבָה וְעִם רֶדֶת הָאוֹר
אִם תַּגִּידִי עָיַפְתִּי מִן הָעִיר בְּאָפוֹר
אֲשִׁיבֵךְ עַל כְּנַף־נֶשֶׁר וְעַל גַּב עֲנָנִים
אֶל עִירֵךְ שֶׁחִכְּתָה לָךְ בְּבָתִּים לְבָנִים.

BA'A M'NUCHA

N. Alterman

D. Sambursky
Arr: R. Neumann

Ba - a - m'nu-cha m'nu - cha
Ba - a-m'nu-cha la - ya - gé - a u - mar-gō - a l' - a - mél

lai - la lai - la b' - yiz - r' - el
lai - la chi vér mis - ta - ré - a al s'dōt é - mek yiz - r' - el

tal mil - ma - ta u - l'va - na mé - al mi - bét al - fa ad na - ha - lal
tal mil - ma - ta u - l'va - na mé - al mi - bét al - fa ad na - ha - lal

ma ma lai - la mi - lél d'ma - ma b' - yiz - r' - el
ma ma lai - la mi - lél d'ma - ma b' - yiz - r' - el

nu - ma nu - ma nu - ma
nu - ma é - mek e - rets tif - e - ret a - nu l' - cha mish - me - ret

Rest has come to the weary. Night has fallen and a hush lies over the entire valley. Rest O beautiful valley. We shall stand guard over you.

בָּאָה מְנוּחָה לַיָּגֵעַ
וּמַרְגּוֹעַ לֶעָמֵל
לַיְלָה חִוֵּר מִשְׂתָּרֵעַ
עַל שְׂדוֹת עֵמֶק יִזְרְעֶאל
טַל מִלְּמַטָּה וּלְבָנָה מֵעָל
מִבֵּית אַלְפָא עַד נַהֲלָל
מַה מַּה לַיְלָה מִלֵּיל
דְּמָמָה בְּיִזְרְעֶאל
נוּמָה עֵמֶק אֶרֶץ תִּפְאֶרֶת
אָנוּ לְךָ מִשְׁמֶרֶת

© by ICLP Ltd. - ALL RIGHTS RESERVED

MA AVARÉCH

R. Shapira

Y. Rosenblum
Arr: R. Neumann

Ma__ a - va - réch ze ha - ye - led sha - al__ ha - mal-
Ma a - va-réch lō ba - me y'-vō-rach ze ha - ye - led sha - al ha - mal-
- ach ___
ach u - vé-rach__ lō chi-yuch she-ka - mō - hu ka - ōr u - vé -
- ach
- ach u - vé-rach lō chi-yuch_she-ka - mō - hu ka - ōr u - vé -

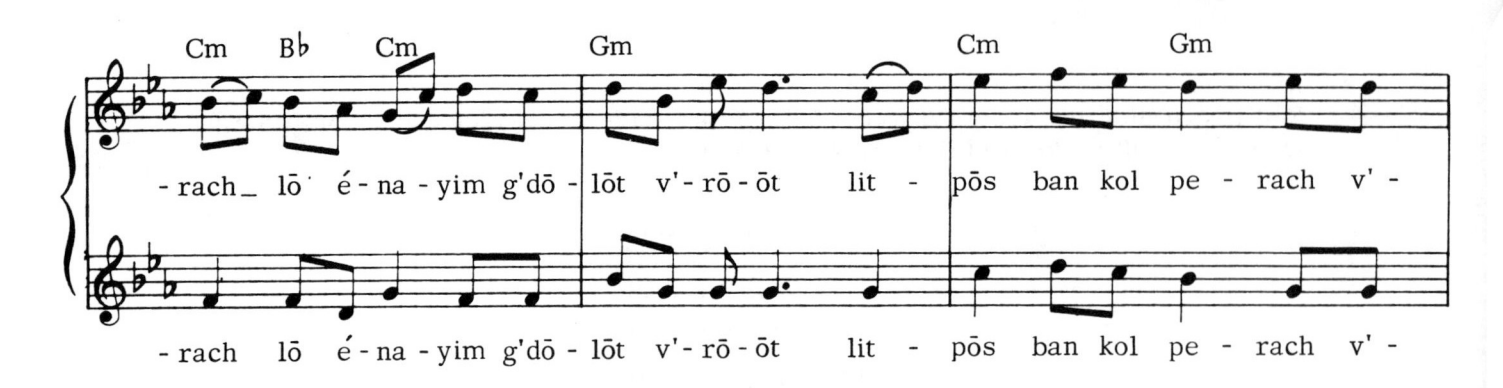

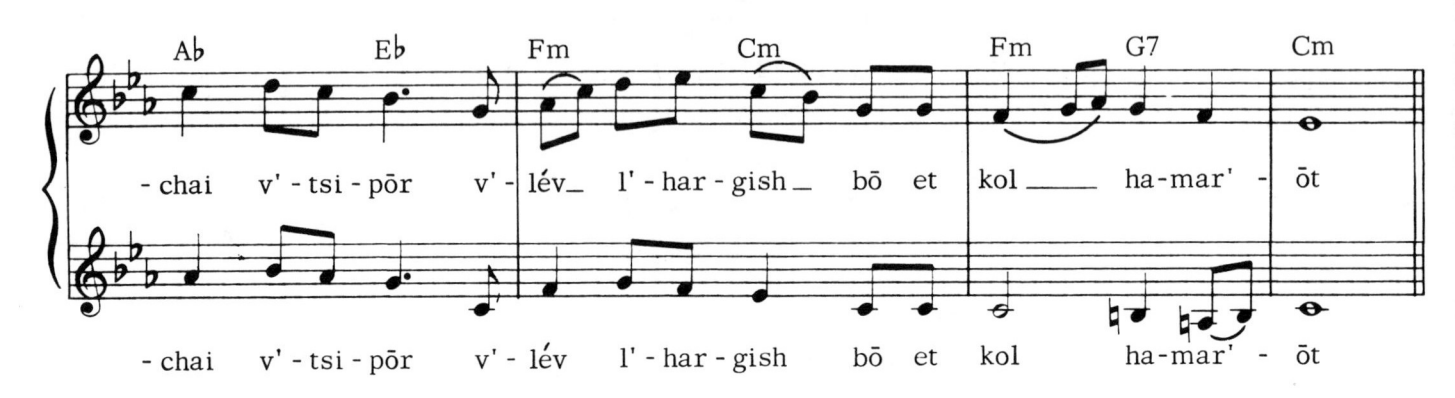

"How shall this child be blessed?" the angel asked. And he blessed him with a smile and with eyes that could see all living things; and with a heart that could feel all that is seen.

א. מָה אֲבָרֵךְ לוֹ בַּמֶּה יְבֹרַךְ
זֶה הַיֶּלֶד שָׁאַל הַמַּלְאָךְ

וּבֵרַךְ לוֹ חִיּוּךְ שֶׁכָּמוֹהוּ כְּאוֹר
וּבֵרַךְ לוֹ עֵינַיִם גְּדוֹלוֹת וְרוֹאוֹת
לִתְפֹּס בָּן כָּל פֶּרַח וְחַי וְצִפּוֹר
וְלֵב לְהַרְגִּישׁ בּוֹ אֶת כָּל הַמַּרְאוֹת

ב. מָה אֲבָרֵךְ לוֹ בַּמֶּה יְבֹרַךְ
זֶה הַנַּעַר שָׁאַל הַמַּלְאָךְ

וּבֵרַךְ לוֹ רַגְלַיִם לִרְקֹד עַד אֵין סוֹף
וְנֶפֶשׁ לִזְכֹּר בָּהּ אֶת כָּל הַלְחָנִים
וְיַד הָאוֹסֶפֶת צְדָפִים עֲלֵי חוֹף
וְאֹזֶן קְשׁוּבָה לִגְדֹלִים וּקְטַנִּים

ג. מָה אֲבָרֵךְ לוֹ בַּמֶּה יְבֹרַךְ
זֶה הָעֶלֶם שָׁאַל הַמַּלְאָךְ

וּבֵרַךְ כִּי יָדָיו הַלְּמוּדוֹת בִּפְרָחִים
יִצְלְחוּ גַּם לִלְמֹד אֶת עָצְמַת הַפְּלָדָה
וְרַגְלָיו הָרוֹקְדוֹת אֶת מַסַּע הַדְּרָכִים
וּשְׂפָתָיו הַשָּׁרוֹת אֶת מִקְצַב הַפְּקֻדָּה
מָה אֲבָרֵךְ לוֹ בַּמֶּה יְבֹרַךְ
זֶה הַגֶּבֶר שָׁאַל הַמַּלְאָךְ...

© by the Authors - ALL RIGHTS RESERVED

DODI LI

Song of Songs 2:16 4:9
3:6 5:16

N. Chen
Arr: S. Gewirtz

Gracefully
Refrain

Dō - di li va - a - ni lō ha - rō - e ba - shō - sha - nim

mi zōt ō - la min ha - mid - bar mi zōt ō - la
m' - ku - te - ret mōr mōr u - l' - vō - na mōr u - l' - vō - na

li - bav - ti - ni a - chō - ti ka - la li - bav - ti - ni ka - la la

u - ri tsa - fōn u - vō - i Té - man man

99

My beloved is mine and I am his that feedeth among the lilies.

דוֹדִי לִי וַאֲנִי לוֹ הָרוֹעֶה בַּשּׁוֹשַׁנִּים
א. מִי זֹאת עוֹלָה מִן הַמִּדְבָּר
מִי זֹאת עוֹלָה
מְקֻטֶּרֶת מוֹר וּלְבוֹנָה... (דוֹדִי לִי)

ב. לִבַּבְתִּינִי אֲחוֹתִי כַלָּה
לִבַּבְתִּינִי כַּלָּה... (דוֹדִי לִי)

ג. עוּרִי צָפוֹן וּבוֹאִי תֵימָן
וּבוֹאִי תֵימָן... (דוֹדִי לִי)

© by the Author - Exclusive Publisher, Mills Music, Inc.

ÉT DODIM

Song of Songs

Oriental Folk Tune
Arr: R. Neumann

With movement

-né - tsu _ ri - mō - nim pa - r' - cha _ ha - ge -
-fen hé - né - tsu _ ri - mō - nim
D.S. then D.C. al Fine
-fen hé - né - tsu _ ri - mō - nim
pa - r'-cha ha - ge - fen hé - né - tsu _ ri - mō - nim

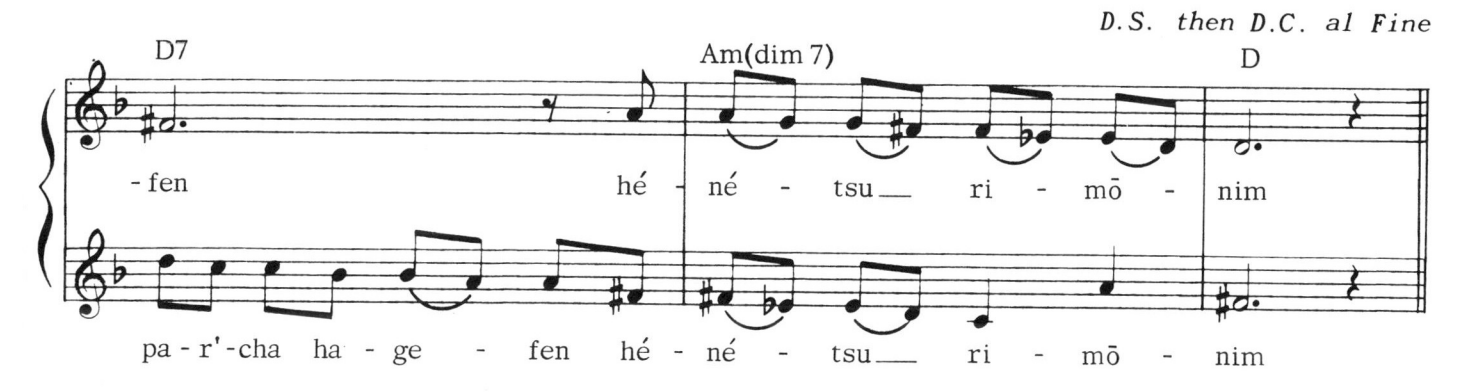

The time for love has come, my bride; come to my garden, the vine is blooming and the pomegranate is budding.

עֵת דוֹדִים כַּלָּה בּוֹאִי לְגַנִּי
פָּרְחָה הַגֶּפֶן הֵנֵצוּ רִמּוֹנִים

V'AF AL PI CHÉN

D. Shimoni *P. Greenspan*

Deliberately
f
V' - af al pi chén v' - lam - rōt ha - kōl
f
V' - af al pi chén v' - lam - rōt ha - kōl
D
e - rets e - rets e - rets Yis - ra - el v'- él v' - chol ōd dō-

101

And all this not withstanding and still come what may long shall live our Israel be there but once voice left to say, "Hear O Israel."

וְאַף עַל פִּי כֵן, וְלַמְרוֹת הַכֹּל
אֶרֶץ אֶרֶץ אֶרֶץ יִשְׂרָאֵל
וְכָל עוֹד דוֹפֵק בָּעוֹלָם לֵב יִשְׂרָאֵל
וְכָל עוֹד נִשְׁמַע בָּעוֹלָם "שְׁמַע יִשְׂרָאֵל"
אַתְּ אֶרֶץ יִשְׂרָאֵל